Wolfram Kötter

Aus Freude an Gott

Wolfram Kötter

Aus Freude an Gott

Predigten

Fromm Verlag

Impressum/Imprint (nur für Deutschland/ only for Germany)
Bibliografische Information der Deutschen Nationalbibliothek: Die Deutsche Nationalbibliothek verzeichnet diese Publikation in der Deutschen Nationalbibliografie; detaillierte bibliografische Daten sind im Internet über http://dnb.d-nb.de abrufbar.

Coverbild: www.ingimage.com

Contact:
International Book Market Service Ltd., 17 Rue Meldrum, Beau Bassin, 1713-01 Mauritius
Website: www.bookmarketservice.com
Email: info@bookmarketservice.com

Gedruckt in: USA, UK, Deutschland. Dieses Buch wurde nicht in Mauritius produziert.

Imprint (only for USA, GB)
Bibliographic information published by the Deutsche Nationalbibliothek: The Deutsche Nationalbibliothek lists this publication in the Deutsche Nationalbibliografie; detailed bibliographic data are available in the Internet at http://dnb.d-nb.de.

Cover image: www.ingimage.com

Contact:
International Book Market Service Ltd., 17 Rue Meldrum, Beau Bassin, 1713-01 Mauritius
Website: www.bookmarketservice.com
Email: info@bookmarketservice.com

Printed in: U.S.A., U.K., Germany. This book was not produced in Mauritius.

ISBN: 978-3-8416-0283-1

INHALTSVERZEICHNIS

Im Leben und im Sterben

Predigt zu Artikel 1 aus dem Heidelberger Katechismus
(10. Januar 2010)

Liebe Gemeinde,
als ich im Juni 1992 in dieser wunderschönen reformierten Petrikirche zu Herford in das Amt als Pfarrer dieser Gemeinde ordiniert wurde, stand der Artikel 1 aus dem Heidelberger Katechismus im Mittelpunkt der Predigt. Heute - achtzehn Jahre später und auf dem Sprung in eine neue Gemeinde - stelle ich ebenfalls diesen Artikel in den Mittelpunkt unseres Nachdenkens. Der erste Artikel, also die Frage und die Antwort 1, haben mich durch all die Jahre hindurch begleitet und getragen und mir in so vielen Situationen geholfen: ob bei der Geburt eines Kindes, ob in Gesprächen mit Erwerbslosen, ob in der Begleitung von Sterbenden, ob in der Begleitung von Trauernden oder eben auch bei Beerdigungen.

Zum Heidelberger Katechismus an sich an dieser Stelle nur das Notwendigste: Der Heidelberger Katechismus entstand 1563 im Auftrag des pfälzischen Kurfürsten Friedrich III., des Frommen. Um die reformierte christliche Religion in seinem Kurfürstentum zu festigen und zu fördern, hatte Friedrich den Universitätsprofessor Zacharias Ursinus und den Hofprediger Caspar Olevianus mit der Ausarbeitung eines Lehrbuches beauftragt. Hiermit sollte das Volk in der christlichen Lehre unterrichtet werden. In vielen Punkten lehnt er sich eng an den Genfer Katechismus an, der aus der Hand Johannes Calvins stammte. Der so entstandene Heidelberger Katechismus erfreute sich bei den Gläubigen grosser Beliebtheit und fand rasch Verbreitung.

Die erste Ausgabe umfasste 128 Fragen und Antworten. Mit Blick auf eine schärfere Abgrenzung der reformierten Kirche vom Papsttum kam in der folgenden zweiten Ausgabe die jetzige Frage 80 hinzu. In der dritten Ausgabe wurden die nunmehr 129 Fragen und Antworten in 52 Sonntage unterteilt, so dass der Katechismus - und damit die gesamte christliche Lehre - bei wöchentlicher Predigt im Laufe eines Jahres durchgenommen werden kann. Die Synode von Dordrecht (1618/19) bestätigte den Heidelberger Katechismus als Bekenntnisschrift und seitdem hat er in den reformierten Kirchen in aller Welt einen festen Platz. Ich lese uns den Artikel 1 aus dem Heidelberger Katechismus:

Was ist dein einziger Trost im Leben und im Sterben?
Dass ich mit Leib und Seele,
sowohl im Leben als auch im Sterben nicht mir,
sondern meinem getreuen Heiland Jesus Christus gehöre.
Er hat mit seinem teuren Blut für alle meine Sünden vollkommen bezahlt
und mich aus aller Gewalt des Teufels erlöst;
und er bewahrt mich so,
dass ohne den Willen meines Vaters im Himmel
kein Haar von meinem Haupt fallen kann,
ja, dass mir alles zu meiner Seligkeit dienen muss.
Darum macht er mich auch durch seinen Heiligen Geist
des ewigen Lebens gewiss
und von Herzen willig und bereit, ihm hinfort zu leben.

Schon die Frage ist beachtlich, bemerkenswert, des Nachdenkens wert: Was ist dein einziger Trost? Es geht um den einzigen Trost im Leben und im Sterben. Um das, was wirklich tröstet. Um das - so würden wir es vielleicht heute sagen -, was Halt gibt. Es geht darum, dass ich antworte auf die Frage, was mich ganz getrost und auch ganz getröstet leben und dann auch eines Tages sterben lässt. Nicht der Tod ist genannt, sondern das Sterben. Vor dem Tod brauchen wir weder Angst noch Furcht zu haben, wohl aber vor dem Leben und auch vor dem Sterben, weil das Sterben noch Teil des Lebens ist und ich mir um die Zeit nach dem Sterben keine Sorgen zu machen brauche. Denn ich bin mir -

durch den Heiligen Geist - des ewigen Lebens gewiss. Es geht darum, was mir in meinem Leben und dann auch in meinem Sterben Halt gibt. Weil sowohl das Leben als auch das Sterben nie nur schön und angenehm und lustig sein können, sondern auch erschreckend und schrecklich, entsetzlich und grausam.

Was gibt mir Halt in meinem Leben? Was lässt mich hoffnungsvoll und was lässt mich getrost leben? Das ist eine aktuelle, eine zutiefst aktuelle Frage der Gegenwart. Halt suchen wir alle. Oder eben Trost. Auch wenn manche Zeitgenossen uns, die wir uns zu Christus bekennen, für nicht ganz getrost, für nicht ganz bei Trost halten. Doch wie auch immer wir als Christen gesehen und bewertet werden, es ist so, dass alle Menschen einen solchen festen Halt in ihrem Leben suchen.

Wer keinen festen Halt in seinem Leben hat, lebt haltlos. Das heisst: er lebt nicht, sondern er schlittert durch das Leben wie ein Auto auf einer spiegelglatten Fahrbahn. Ich erinnere mich an ein langes Gespräch mit einem Gemeindeglied, der mir sagte: „Ich komme so viel in der Welt herum. Ich sehe so viel Elend und manchmal auch Lebensfreude. Wenn ich in Herford bin, erschrecke ich öfter über meine Freunde. Sie suchen alle Halt und Gewissheit und suchen in anderen Religionen und Kulturen, dabei kann uns doch unser Glaube so viel geben!“

Was ist dein Trost? Manche Menschen trösten sich mit Alkohol - eine billige, uns Menschen zugrunde richtende Vertröstung und darum kein Trost. Andere suchen Trost in der Arbeit und stellen beim Herzinfarkt oder Schlaganfall fest, dass sie wohl nicht ganz getrost gewesen sind, all ihre Kraft in die Anhäufung von allzu weltlichen Dingen zu legen, ohne nach dem gefragt zu haben, was wirklich und in Wahrheit Halt und Trost gibt. Die Krankheit unserer Zeit: das Burn-out, das Ausgebrannt sein zeigt in ähnlicher Weise, dass wir Menschen ausbrennen, wenn wir es anbrennen lassen, wenn wir uns also keine Zeit und keine Musse geben, um nach dem Sinn unseres Daseins zu fragen, nach dem tiefen Sinn meines Lebens, damit es nicht nur an der Oberfläche verbleibt.

Dass ich mit Leib und Seele, im Leben und im Sterben nicht mir, sondern meinem getreuen Heiland Jesus Christus gehöre. So soll meine Antwort lauten. Ich verschreibe mich nicht der Macht der Arbeit, noch der Macht des Geldes, noch irgendeiner anderen Macht, sondern allein Christus. Ihm allein. „Solus Christus" - dies ist eine der ganz wichtigen Erkenntnisse der Reformation neben dem „Allein die Schrift" und „Allein der Glaube" und „Allein die Gnade" - so eben auch: „Allein Christus". In ihm habe und finde ich alles, was ich für mein Leben und mein Sterben brauche. Wie gut ist es, wenn Menschen dies für sich so sagen können. Der Apostel Paulus etwa bekennt nach einem langen Kampf um die Wahrheit: „Nicht mehr ich lebe, sondern Christus lebt in mir." (Gal. 2,20) Jochen Klepper mit seiner tragischen Lebensgeschichte schreibt in seinen Tagebüchern „Unter dem Schatten deiner Flügel" am letzten Tag seines Lebens: „Im Anblick des segnenden Christus geben wir unser Leben zurück!" Und Dietrich Bonhoeffer zum Jahreswechsel 1944/1945: „Von guten Mächten (und ich ergänze: von Christus) wunderbar geborgen, erwarten wir getrost, was kommen kann..." Karl Barth formuliert in der Theologischen Erklärung von Barmen 1934 - unter Aufnahme der Antwort aus dem Heidelberger Katechismus: „Jesus Christus ... ist das eine Wort Gottes, das wir zu hören, dem wir im Leben und im Sterben zu vertrauen und zu gehorchen haben."

Liebe Gemeinde, ich weiss, dass unser Glaube immer auch Zweifeln und Anfechtungen ausgesetzt ist und dass es Momente gibt, in denen unser Glaube ins Wanken gerät. Ich weiss, dass es uns Menschen manchmal ergeht wie dem Vater, dessen Kind von bösen Geistern besessen war (Mk. 9,14f). Hilfesuchend schauen wir auf jeden Strohhalm, der sich uns bietet. So auch dieser Vater, der völlig verzweifelt eine Möglichkeit der Heilung für seinen Sohn sucht und Jesus zuruft: „Ich glaube, hilf meinem Unglauben!“

In Gedanken gehe ich durch diese Gemeinde und sehe Menschen vor mir, denen es genauso ergeht wie diesem Vater. Mütter, die händeringend auf Heilung für ihr Kind hoffen. Ich sehe Kinder, die viel zu oft gescholten werden und doch nur auf ein gutes Wort warten. Ich weiss von der Frau, die in Scheidung lebt und sich freut über eine freundliche Umarmung. Ich kenne die Oma, die Grossmutter, die seit Jahren auf ein liebevolles Zeichen von ihrer Familie wartet. Und wie oft telefoniert meine Frau mit dem jungen Mann, der auf den Glauben hofft, der Berge versetzt, damit er wieder ins Leben kann. Und es gibt Menschen, die immer wieder vor diesen Berg rennen, manchmal, weil sie keine Seitenwege gehen wollen, manchmal aber eben auch, weil genau dies das Leben ist, in das hinein Gott sie hineingestellt hat.

Er, Gott, bewahrt mich so, dass ohne seinen Willen kein Haar von meinem Haupt kann fallen, ja, dass mir alles zu meiner Seligkeit dienen muss?! Wir werden einen solchen Satz, eine solche Aussage, nur und immer wieder neu nur für uns sagen können. So, wie nur ich für mich behaupten und glauben kann - und damit zugleich Zeugnis ablegend vor anderen Menschen -, dass ich mit Leib und Seele, im Leben und im Sterben nicht mir, sondern allein Jesus Christus gehöre. Also gilt auch dies: dass ohne den Willen meines Vaters im Himmel kein Haar von meinem Haupt kann fallen. Ein grossartige Theologe der Jetztzeit, Eberhard Jüngel, hat einmal sinngemäss in einem Artikel geschrieben: Natürlich, es könnte mich wohl verrückt werden lassen, wenn denn alles aus der Hand Gottes kommt, wenn denn ohne seinen Willen kein Haar von meinem Haupt kann fallen. Denn wirklich alles, das bedeutet dann: Husten und Schnupfen, Zahnschmerzen und Hühneraugen, Lesebrille und Bauchschmerzen und alles andere auch. Doch es lässt mich nur dann verrückt werden, wenn ich sein Ziel, Gottes Ziel aus den Augen und aus dem Blick verliere.

Denn alles menschliche Leben ist letztlich von Gott auf ein Ziel ausgerichtet: auf die Liebe Gottes hin. Ausgangspunkt und Endpunkt allen menschlichen Daseins ist seine Liebe. Denken wir an die Worte des Apostel Paulus aus dem Römerbrief (8,38-39): „Denn ich bin gewiss, dass weder Leben noch Tod, weder Engel noch Mächte, weder Gegenwärtiges noch Zukünftiges, weder Gewalten der Höhe oder Tiefe noch irgendeine andere Kreatur können uns scheiden von der Liebe Gottes, die in Christus Jesus ist, unserem Herrn." Daher kommen wir und dahin gehen wir.

Ich habe, liebe Gemeinde, in diesen Jahren, in denen ich hier in der Petrigemeinde Dienst tun durfte, Menschen kennen gelernt, die in diesem Glauben gelebt haben und die in dieser Glaubensgewissheit ihre Kinder gross gezogen haben. Menschen, die mit diesem Glauben andere Menschen Gott anbefohlen haben. Das waren unendlich wertvolle Begegnungen, die ich nicht vergessen werde, weil sie mein Leben bereichert haben. Ich habe auch Menschen kennen gelernt, deren Glaube wie ein Kartenhaus zusammengefallen ist, als ein leichtes Windchen sich regte. Das sind Menschen, die in ihrem Leben nicht die Erfahrung machen durften, dass ohne den Willen Gottes sich nichts regt. Das waren nicht minder wertvolle Begegnungen, weil sie zeigen, dass der Glaube immer auch Anfechtungen ausgesetzt ist. Sie machen uns auch bewusst, dass der Glaube sich immer und immer wieder neu zu bewähren hat - gerade auch in Krisensituationen, wenn er denn ein tragfähiger Glaube sein will, wenn er denn diesen einzigen Trost im Leben und im Sterben auch dann bezeugt, wenn wir drohen unterzugehen.

Gott will nicht unseren Untergang, sondern er will, dass wir leben. Doch er will, dass wir nicht irgendwie leben, sondern so wie es lautet im

Schlusssatz von Artikel 1 heisst: „darum macht er mich durch seinen Heiligen Geist des ewigen Lebens gewiss und von Herzen willig und bereit, ihm forthin zu leben." Also: wir sollen aus der Gewissheit des ewigen Lebens das Heute gestalten. Aus der Gewissheit, dass das Reich Gottes sich in der Ewigkeit vollenden wird, sollen wir anfangen, das Ewige hier auf Erden zu bauen. Aus der Gewissheit, dass ich Gott dereinst von Angesicht zu Angesicht sehen werde, sollen wir hier auf Erden in jedem anderen Angesicht das Angesicht Gottes suchen. Aus der Gewissheit, dass dieser Jesus Christus dort in seinem Reich mein einziger Herr sein wird, sollen wir hier auf Erden alle anderen irdischen Herren in ihre Schranken verweisen und ihnen ihre Grenzen aufzeigen. In der Gewissheit, dass die Liebe Gottes und der Frieden Jesu Christi uns offen vor Augen stehen werden, dürfen wir hier auf Erden zu Hoffnungsträgern dieser Liebe und dieses Friedens werden.

Für den Heidelberger Katechismus sind dies Sätze, die aus dem Glauben an Jesus Christus heraus zu einem Bekenntnis des Glaubens geworden sind. „Wahrer Glaube", so sagt es der Heidelberger Katechismus in Artikel 21 später, „ist nicht allein eine zuverlässige Erkenntnis, durch welche ich alles für wahr halte, was uns Gott in seinem Wort geoffenbart hat, sondern auch ein herzliches Vertrauen." Möge Gott uns sowohl das eine als auch das andere immer wieder neu schenken, nämlich die zuverlässige Erkenntnis und das herzliche Vertrauen, damit wir in und mit unserem Leben von Herzen bekennen können, dass Jesus Christus unser einziger Trost im Leben und im Sterben ist.
Amen.

Tragt in die Welt nun ein Licht

Predigt zum 1. Advent
(27. November 2011)

Liebe Gemeinde,
tragt in die Welt nun ein Licht - so das Thema am heutigen ersten Advent. Die Adventszeit ist immer eine besondere Zeit. Eine Zeit, in der wir uns Menschen in besonderer Weise Mühe geben - schliesslich erwarten wir ja Gott zu Besuch. ER kommt. Häuser werden geschmückt und adventlich dekoriert. Nicht alle teilen an dieser Stelle denselben Geschmack und wir könnten darüber streiten, ob Advents- und Weihnachtsdekoration an Spielcasinos von Las Vegas erinnern müssen oder ob ein wenig mehr Beschaulichkeit gut täte, aber Geschmack ist eben verschieden. Und so tummeln sich überlebensgrosse, aufgeblasene und beleuchtete Nikolause neben akkurat gefertigten Strohsternen. Wir machen diese dunkle Jahreszeit durch diese Lichter ein wenig heller und bringen ein wenig Freundlichkeit in diese neblig trüben Tage und Abende.

Bei uns im Haus beginnt mit der Adventszeit eine andere Zeit. Da werden die Kinderzimmer und die Stube adventlich hergerichtet, Tannenzweige schmücken die Vasen. Dem Adventskranz gebührt ein ordentlicher Platz im Haus und auch in meinem Arbeitszimmer darf der Lichterbogen nicht fehlen. Da werden Plätzchen gebacken und Weihnachtslieder geübt. Da werden Wünsche geäussert und Hoffnungen geweckt. Es sind besondere Tage und für uns als Pfarrfamilie noch einmal auf andere Weise, weil wir mit Spannung und auch mit Anspannung, mit Vorfreude und auch mit Erwartungen in die Vorbereitung gehen für die Adventsfeiern, die es zu gestalten gilt: für die Gottesdienste, die in der Regel immer ein bisschen besser besucht sind als sonst im Jahr; die Proben für das Weihnachtsmusical mit den aufgeregten Kindern. Diese Spannung beginnt schon mit dem ersten Advent, also mit dem heutigen Tag und der bangen Frage: Wird die Suppe für den „Suppenzmittag“ reichen oder ist es viel zu viel? Reichen die Kuchen oder hören wir nachher Stimmen, die fragen: „Hat es noch ein Stückchen Kuchen?“ Hat der Basar Erfolg, so dass wir am Ende des Tages sagen können: „Ja, der Aufwand hat sich gelohnt. Wir freuen uns für die Kinder in der Schule Les Gazelles in Kinshasa (Afrika), dass wir ihnen eine ordentliche Kollekte überweisen können."

Die Adventszeit ist eine besondere Zeit und Andrea Schwarze, eine ehemalige Industriekauffrau, schreibt unter dem Titel „Zauber des Advents“ (in: *Für jeden leuchtet ein Stern*, S.17ff, Freiburg im Breisgau 2006): „Die Wochen des Advents sind Wochen, in denen ich oft meine, in einer erhöhten »Sinnlichkeit« zu leben, empfindsamer zu sein. Ich rieche mehr, ich höre anderes, ich schaue aus einem anderen Blickwinkel, bin behutsamer, nehme anders wahr, bin offener als sonst für Zeichen und Symbole. Es liegt für mich eine Art von Zauber über diesen Wochen, den alle raue und harte Realität nicht durchbrechen kann - im Gegenteil: Manchmal meine ich fast, dass dieser Zauber auch die brutale Wirklichkeit umfasst und verändert. Von diesen Tagen und Wochen scheint etwas auszugehen, das auch die hartgesottenen Herzen »aufweicht«. Oder sind es womöglich doch nur die längeren Nächte der Dunkelheit, die die Sehnsucht nach dem Licht wachsen lassen? Jedenfalls - ich weiss nicht, warum oder wozu es bei mir so ist, aber es ist so: Zur Adventszeit gehören für mich unabdingbar Mandarinen, Nüsse und Weihnachtsplätzchen, Kerzen und Geschenkpapierrascheln, der Duft von Tannennadeln und das leise, fast unhörbare Geräusch fallenden Schnees, ich schreibe Karten mit dem Gruss »Frohe Weihnacht!«, bekomme Weihnachtsgrüsse - diese Wochen sind für mich irgendwie anders. Manchmal kommt es mir vor, als klinge da leise, ganz im Hintergrund, eine Melodie, die verzaubert, die mich vielleicht ein wenig neu zum Kind werden lässt, die mich das Staunen, das Offen-Sein lehrt. Advent muss ich hören, fühlen, sehen, riechen, empfinden, greifen können ... Mag sein, dass ich gerade in diesen eher dunklen Wochen, in denen »draussen« so wenig »Sichtbares« geschieht, meine Aufmerksamkeit eher nach innen, auf mich hin ausrichte." Geht es uns genauso, dass diese Zeit uns in besonderer Weise sensibel macht? Tragt in die Welt nun ein Licht. So das Thema am heutigen Vormittag. Doch wohin?

Tragt in die Welt nun ein Licht. Das möchte ich in diesen Tagen gerne tun. Ein Licht zu den Menschen bringen, in denen es vor lauter Traurigkeit dunkel ist. Mir kommen die Menschen in den Sinn, die im letzten Kirchenjahr einen lieben Menschen verloren haben und die wir in der letzten Woche mit den Konfirmandinnen und Konfirmanden besucht und ihnen einen Adventskranz gebracht haben. Menschen, die zum Teil mit viel Sorge auf die bevorstehenden Weihnachtstage schauen, weil sie Angst vor dem Alleinsein haben. Denen möchte ich gerne sagen: Habt keine Sorge. Fürchtet euch nicht. Ihr müsst die Weihnachtstage nicht allein verbringen. Es gibt Möglichkeiten, die Weihnachtstage im Kreise anderer Menschen zu feiern. Und wenn ihr dennoch allein feiert, weil ihr die Gesellschaft nicht aushaltet, dann dürft ihr euch zumindest dessen sicher sein, dass diese Liebe Gottes auch, und vor allem, euch gilt. Denn das Leuchten der Kerze mag uns an die Liebe Gottes erinnern, mit der er uns anschaut.

Tragt in die Welt nun ein Licht. Das möchte ich in diesen Tagen gerne tun. Meine Gedanken gehen zu einer ehemaligen Konfirmandin, die in psychiatrischer Behandlung ist. Sie bekommt ihr Leben einfach nicht in den Griff. Ein junger und attraktiver Mensch, der sich immer wieder selbst im Weg steht. Ab und wann, und so eben auch in der letzten Woche telefonieren wir miteinander und in der Regel ist dann „Holland in Not". Suizidversuche. Alkoholekzesse. Ausschweifendes und unverantwortliches Leben. Sie trägt nicht nur Verantwortung für ihr eigenes Leben, sondern auch für ihr Kind. Wie sehr wünschte ich für sie, dass sie diesen Lichtschein sehen kann - diesen Lichtschein, der in wenigen Tagen die

Krippe bestrahlen wird. Dieser Lichtschein, der wie ein Stern am Horizont sein kann und uns Menschen Richtung geben will. Orientierung und Halt für Menschen, die ziellos umherirren. Ja, wenn dieser junge Mensch doch wirklich zu dem fände, der von sich gesagt hat: „Kommt her zu mir, die ihr mühselig und beladen seid. Ich will euren Seelen Frieden geben." (Mt. 11,28) Ich werde sie in diesen Tagen in besonderer Weise in mein Gebet miteinschliessen. Denn auch das dürfen wir ja: nicht nur für andere Menschen ein Licht anzünden, sondern auch für sie beten. Ja, das Licht und das Gebet - sie gehören zusammen. Ein chinesisches Sprichwort sagt: „Es ist besser, ein Licht anzuzünden, als über die Dunkelheit zu klagen." Wohl wahr, und darum: Tragt in die Welt nun ein Licht. Und dieser grossartige Mensch Albert Schweitzer hat einmal gesagt: „Gebete ändern die Menschen, und Menschen ändern die Welt."

Advent - alle Jahre wieder eine Zeit der Lichter und Kerzen und Gebete, wieder die Möglichkeit, etwas zu verändern. Ein Licht in die Welt hinaus zu bringen - ein Licht zu den vielen Menschen, die auf dieses Licht warten. Auch ein Licht für mich selbst. Mit jeder Kerze, die ich in dieser Adventszeit bewusst anzünde, könnte und möchte ich den Wunsch verbinden: Ich möchte etwas wachsamer werden für die vielen Menschen, die auf das Licht warten, aber auch für die vielen kleinen Hoffnungsschimmer, die täglich in mein Leben fallen - wohlwollende Blicke, aufmunternde Worte, Zeichen der Zuneigungen.

Ich möchte etwas mutiger werden in meinem Protest gegen Ungerechtigkeit, gegen dunkle Machenschaften, gegen Kälte und Lieblosigkeit in meiner Umgebung. Mit jedem Gebet, das ich spreche, mit jedem Adventslied, das ich singe, und mit jedem Gottesdienst, den ich mitfeiere, könnte, nein, möchte ich diesen Wunsch verbinden:

Ich möchte noch fester darauf vertrauen, dass Gott seine Verheissungen einlöst, dass sein Reich schon ganz nahe ist. Und ich möchte

noch tiefer daran glauben, dass er mir die Kraft gibt zum Mitbauen an seiner neuen Welt, dass sein Friede auch durch mich Wirklichkeit werden kann. Advent - nicht nur eine Zeit sentimentaler Kindheitserinnerungen und Wochen hektischer Geschenksuche, sondern auch die Aufforderung zur Rebellion gegen jene Mächte, die gegen das Leben wirken. „Tragt in die Welt nun ein Licht. Sagt allen: Fürchtet euch nicht. Gott hat euch lieb Gross und Klein. Seht auf des Lichtes Schein."
Amen.

AUF DAS LICHT WARTEN

Predigt am 3. Advent

Predigttext: „Die Nacht ist vorgedrungen“ von Jochen Klepper

(11. Dezember 2011)

Liebe Gemeinde,

Die Nacht ist vorgedrungen,/ der Tag ist nicht mehr fern.
So sei nun Lob gesungen / dem hellen Morgenstern.
Auch wer zur Nacht geweinet,/ der stimme froh mit ein.
Der Morgenstern bescheinet / auch deine Angst und Pein.

Dem alle Engel dienen,/ wird nun ein Kind und Knecht.
Gott selber ist erschienen / zur Sühne für sein Recht.
Wer schuldig ist auf Erden, / verhüll nicht mehr sein Haupt.
Er soll errettet werden, / wenn er dem Kinde glaubt.

Den ersten Teil des heutigen Predigttextes haben wir gerade gesungen mit den ersten beiden Strophen des Lieds: „Die Nacht ist vorgedrungen“. Gegensätze bestimmen und durchziehen diese ersten beiden Strophen. Gegensätze und Widersprüchlichkeiten, die unser irdisches Leben zutiefst prägen: Nacht und Tag; Dunkelheit und heller Morgenstern; Loben und Weinen; Freude und Angst. Es sind Erfahrungen, die wir alle kennen. Diese Erfahrungen, diese Gegensätze, liegen wie so oft dicht beieinander. Wir Menschen bewegen uns gleichsam dazwischen, fühlen uns oft wie hin- und hergezogen, spüren eine rätselhafte Spannung. Da wache ich plötzlich in der Nacht auf und finde keine Ruhe mehr. Quälende Gedanken kreisen in meinem Kopf. Was unerledigt blieb, macht mir zu schaffen. Was auf mich wartet, vielleicht auch. Es ist nicht mehr richtig Nacht, aber eben auch noch nicht richtig Tag. Denn noch ist der Tag nicht angebrochen und noch die Nacht nicht zu Ende. Ich bewege mich zwischen finsterer Nacht und hellem Morgen, spüre diese Spannung und warte auf die ersten Strahlen des Lichtes, die auch mir dann hoffentlich Klarheit schenken.

Doch der Dichter Jochen Klepper - über sein bewegendes Schicksal werde ich später ein paar Worte sagen und wir werden sehen, wie tief er selbst in diesen Spannungen lebte und wie er unter seiner Zeit zu leiden hatte - knüpft nicht nur an unsere Erfahrungen an, sondern er führt sie weiter. Aus dieser Spannung heraus sollen wir Gott loben. Also eigentlich sollen wir das Unmögliche möglich machen, das Undenkbare tun: Gott loben angesichts von Traurigkeiten. Doch der, der weint, wie kann der zugleich Gott loben? Oder sind auch unsere Tränen ein Ausdruck des Lobens Gottes? Denn genau dies wünscht sich der Dichter: dass der, dem zum Weinen zumute ist, dass der, der von Angst gequält wird, dass der, den die Sorgen zu erdrücken drohen, ja, er wünscht sich, dass auch dieser Mensch einstimmt und einstimmen kann in das Lob Gottes. Und er nennt uns den Grund, warum das möglich ist: „So sei nun Lob gesungen/ dem hellen Morgenstern./ Auch wer zur Nacht geweinet,/ der stimme froh mit ein./ Der Morgenstern bescheinet/ auch deine Angst und Pein."

Es gilt genau hinzuhören: Angst und Pein sind nicht einfach verschwunden oder wie weggeblasen. Sie sind nicht vertrieben, sondern sie werden in ein Licht getaucht, in das Licht des Morgensterns: „Der Morgenstern bescheinet auch deine Angst und Pein!" Diesen Unterschied gilt es zu beachten. Deine Angst und deine Pein, deine Sorgen und Nöte werden in ein besonderes Licht getaucht. Mit unserer Angst und Not bleiben wir nicht allein, müssen wir nicht im Dunkeln ausharren. Das Licht des Morgensterns durchdringt die Nacht und kündet uns den neuen Tag an. Darin leuchtet die Botschaft des Advent und des Weihnachtsfestes auf. Wenn wir diesen Morgenstern vor dem Hintergrund der biblischen Traditionen deuten und verstehen, dann ist dieser Morgenstern niemand anderes als Christus selbst. So lesen wir im letzten Buch der Bibel, in der

Offenbarung des Johannes, dass Jesus von sich sagt: „Ich bin die Wurzel und das Geschlecht Davids, der helle Morgenstern." (Off 22,16)

Er, Christus, ist nicht nur das Brot des Lebens für uns und das lebendige Wasser, sondern eben auch das Licht, der Morgenstern, der in unsere Dunkelheit scheint. Und er ruft uns zu: „Kommt her zu mir, die ihr mühselig und beladen seid, ich will euren Seelen Frieden geben." (Mt 11,28) Seinen Weg in die dunkle Welt hinein und durch die Finsternis des Todes hindurch gilt es zu betrachten. Denn das gibt uns eine neue Perspektive. Darum sind wir gerufen, in den Lobgesang einzustimmen. „Die Nacht ist vorgedrungen, der Tag ist nicht mehr fern." Dieses Lied kann uns anrühren und aufrichten. Die gedämpfte, etwas herbe Melodie zeichnet dabei die Bewegung der Worte nach: Aufsteigende und wieder abfallende Bögen - mehrmals neu angesetzt - und ein versöhnender Klang am Schluss. Spannungen und Gegensätze kommen zum Ausdruck - wie sie unser Leben prägen. Doch ein Lichtblick hilft uns weiter.

„Dem alle Engel dienen, wird nun ein Kind und Knecht." So heisst es in der zweiten Strophe. Jochen Klepper lenkt unseren Blick auf das Geheimnis der Weihnachtsbotschaft: Gott selbst erscheint in diesem Kind und Knecht. Der, dem alle Engel dienen, wird nun ein Kind und Knecht. Kein Gott mehr in unaussprechlicher Grösse. Kein Gott mehr in unendlicher Weite oder Höhe. Sondern der Gott, der als Kind kommt. Unsere ganzen Vorstellungen und Bilder von Gott, unsere Gedanken dürfen Gott nicht mehr in der Weite des Universums suchen, sondern in dieser Krippe im Stall von Bethlehem. Und es gilt mehr: Der, dem alle Engel dienen, der sühnt unsere Schuld. Damit kommt zur Sprache, was wir viel zu oft lieber verdrängen möchten: dass wir Menschen Schuld auf uns laden. Dass wir schuldig werden - an uns selbst, an unseren Nächsten, an Gott. Wer Schuld auf sich geladen hat, bemüht sich oft verzweifelt, dies abzustreiten und von sich zu schieben. Wie phantasievoll sind wir doch bei der Erfindung von Entschuldigungen und Ausflüchten. Keine Ausrede ist uns fremd, wenn wir das Gefühl haben, wir könnten angesichts von Schuld unser Gesicht verlieren. Doch wer Schuld auf sich lädt und sich zu dieser Schuld bekennt, dem bleibt oft nur sein Haupt zu verhüllen angesichts des eigenen Erschreckens über sich selbst; dem bleibt nur, sein Gesicht zu verbergen. Dietrich Bonhoeffer nennt eine solche Reaktion Scham. Ein Begriff, der aus dem deutschen Sprachgebrauch fast gänzlich verschwunden ist. Welche Angst und Not spiegeln sich in dieser Haltung, wenn wir vor lauter Scham unser Gesicht verdecken?! „Gescheitert, ohne Perspektive, am Ende!" Und immer noch verzweifelt versuchen wir zu verbergen, was nicht zu verbergen ist. Denn wer Schuld eingesteht, der läuft Gefahr, ausgeschlossen, ja geächtet zu werden. Sofern, ja sofern überhaupt noch von Schuld gesprochen wird in unserer Zeit, in der doch alle ihre Hände in Unschuld waschen.

Doch nun bekommen wir eine neue Perspektive: „Wer schuldig ist auf Erden, verhüll nicht mehr sein Haupt; er soll errettet werden, wenn er dem Kinde glaubt." Was für ein Lichtblick! Wir können einander unser Gesicht zeigen - unser wahres Gesicht! Trotz der Schuld, die wir auf uns laden. Denn wir alle werden schuldig: an Gott, an unseren Nächsten, an uns selbst. Das Niederreissen der Hülle von unserem Angesicht wird sich auf unser Leben in der Gemeinschaft auswirken. Mit Liebe und Verständnis würden wir einander anschauen.

Die Nacht ist schon im Schwinden,/ macht euch zum Stalle auf!
Ihr sollt das Heil dort finden,/ das aller Zeiten Lauf
von Anfang an verkündet,/ seit eure Schuld geschah.
Nun hat sich euch verbündet,/ den Gott selbst ausersah.

Noch manche Nacht wird fallen / auf Menschenleid und -schuld.
Doch wandert nun mit allen / der Stern der Gotteshuld.
Beglänzt von seinem Lichte,/ hält euch kein Dunkel mehr.
Von Gottes Angesichte / kam euch die Rettung her.

Gott will im Dunkel wohnen / und hat es doch erhellt.
Als wollte er belohnen,/ so richtet er die Welt.
Der sich den Erdkreis baute, / der lässt den Sünder nicht.
Wer hier dem Sohn vertraute,/ kommt dort aus dem Gericht.

„Die Nacht ist schon im Schwinden“, so fährt Jochen Klepper in der dritten Strophe fort. Und dann ruft er uns auf, unsere ganze Aufmerksamkeit dem Weihnachtsgeschehen zu widmen: „Macht euch zum Stalle auf.“ Denn dort in Bethlehem - in der Krippe -, dort eröffnet sich euch die neue Perspektive. Dort werdet ihr finden, was ihr sucht: einen Verbündeten - einen, der euch kennt und versteht. Schuld und Versagen, Tränen und Angst müsst ihr vor ihm nicht verbergen. Er ist mit euch verbunden. Er hat sich an euch gebunden. Er geht euren Weg mit euch. Auch er erlebt die Spannungen und Gegensätze, die unser Leben prägen. Und er bekommt schliesslich auch die Angst zu spüren, die uns manchmal lähmt. Ja, in ihm finden wir einen Verbündeten; und das Kennzeichen dafür ist seine Geburt im Stall. Das entspricht Gottes Willen. Und zu wissen: „Dies ist mein Verbündeter“, das hat Folgen. Da wird ein Weg sichtbar. Menschen, die von Angst gequält sind und daran zu zerbrechen drohen, werden aufgerichtet und gestärkt. Gewiss: Die Nacht ist nicht vorüber. Vielmehr gilt, was die vierte Strophe zum Ausdruck bringt: „Noch manche Nacht wird fallen auf Menschenleid und -schuld." Was Jochen Klepper in diese Worte fasst, entspricht zugleich seinen eigenen Lebenserfahrungen. Im Spiegel seiner Tagebücher können wir seinen Weg mit verfolgen. „Unter dem Schatten deiner Flügel“ – so sind diese Tagebücher überschrieben. Vor Augen stehen uns mit diesem Tagebuch auch die Verbrechen der nationalsozialistischen Herrschaft in Deutschland. Jochen Klepper war mit einer Jüdin verheiratet. Alle Bemühungen, das Leben seiner Frau und Tochter vor der Deportation zu bewahren, blieben schliesslich erfolglos. So fiel die Entscheidung, freiwillig aus dem Leben zu gehen. Der letzte Tagebucheintragung vom 10. Dezember 1942 schliesst mit diesen Sätzen: „Über uns steht in den letzten Stunden das Bild des Segnenden Christus, der um uns ringt. In dessen Anblick endet unser Leben."

„Noch manche Nacht wird fallen auf Menschenleid und -schuld. Doch wandert nun mit allen der Stern der Gotteshuld." Mit diesen Worten nimmt der Dichter auf, was die Bibel bezeugt: Gott selbst geht mit, begleitet sein Volk, begleitet uns und wandert mit uns Menschen auch durch dunkle Täler. Deshalb gilt: „Beglänzt von seinem Lichte hält euch kein Dunkel mehr, von Gottes Angesichte kam euch die Rettung her." Finsternis kann uns nicht gefangen nehmen. Dunkelheit vermag uns nicht festzuhalten. Auch wenn wir immer wieder die Nacht zu spüren bekommen, unsere Hoffnung bleibt: Gott wird uns hinausführen - in das Licht des neuen Tages. Gewiss: Noch spüren wir die Spannung - diesen rätselhaften Gegensatz, der unsere Welt kennzeichnet. Und das bringt Jochen Klepper in der fünften Strophe noch einmal zum Ausdruck:

„Gott will im Dunkel wohnen und hat es doch erhellt." So von Gott zu reden, das kann nur wagen, wer sich die Advents- und Weihnachtsbotschaft zu Herzen genommen hat. Ein Gott, der in die Dunkelheit kommt, der diesen Weg auf sich nimmt, der Menschen aufsucht, dort, wo sie leben: dieser Gott wird uns zum Verbündeten. Und wir wissen, dass der Weg von der Krippe an das Kreuz geführt hat - in die Dunkelheit des Todes hinein, der durch diesen Morgenstern Jesus Christus sämtliche Schatten verloren hat.

Gott will im Dunkel wohnen und hat es doch erhellt - das heisst aber ebenso, dass unser Gott immer auch der verborgene Gott bleibt - zumindest solange wir Menschen hier auf Erden leben. Dann, dort bei ihm, wird es schon noch anders sein. Gänzlich anders. Dann werden wir, so wie es Paulus geschrieben hat, ihn von Angesicht zu Angesicht sehen. Bis dahin jedoch bleibt er auch uns der Deus absconditus, der verborgene Gott, der uns dennoch ganz nahe gekommen ist, weil er eben dieses

Kind in der Krippe wurde. Aber auch wenn er uns der verborgene Gott ist, so gilt trotz allem, dass mit uns nun der Stern der Gotteshuld wandert.

Dass dieser Stern, dieser Morgenstern uns bewahren möge in der weiteren Adventszeit, das wünsche ich uns. Amen.

Das Geheimnis feiern

Ansprache zum Heiligen Abend
(24. Dezember 2011)

Liebe Gemeinde,
wo auch immer Menschen auf dieser Erde Weihnachten feiern, können sie sich dem Geheimnis dieser Nacht, dieser Gott geweihten Nacht nicht entziehen. Dass Gott ein Mensch wird, ist das eine Geheimnis dieser Nacht. Dass Gott ein Mensch wird, ist in gleicher Weise auch das Geheimnis unseres Glaubens. Dass Gott ein Mensch wird, uns Menschen zugute, ja, dass er als Kind in der Krippe greifbar und damit eben auch angreifbar wird, dass der Ewige in das Zeitliche eindringt, ist und bleibt das Geheimnis unseres Glaubens. Es ist ein Geheimnis, vor dem wir Menschen immer wieder nur staunend stehen bleiben können. Staunend wie Maria und Josef, wie die Hirten und wie die Weisen aus dem Morgenland – staunend wie ein kleines Kind vor dem Weihnachtsbaum.

Es ist und es bleibt etwas Geheimnisvolles um dieses Fest, ein ganz bestimmter Zauber. Er verzaubert die Kinderherzen, er schleicht sich ein zwischen und in die Emails der Computer und die Kurzmitteilungen auf dem Handy. Ja, selbst Menschen, die meinen, mit dem Glauben und der Kirche für immer abgeschlossen zu haben, wünschen „Frohe Festtage“ und „Einen guten Rutsch!“.

Das Geheimnis dieses Tages, dieser Nacht löst für ein paar Stunden, vielleicht auch nur für einen kleinen Augenblick, die Erstarrung des harten Gesichts und des kalten Herzens. In den Stunden der Weihnacht spiegelt sich das Licht der Kerzen in dunklen Augen, finden aufgescheuchte Herzen ein wenig Ruhe und Hoffnung, wollen Geschenke sagen: „Ich will dir gut! Ich will dir etwas Gutes tun!“ Erinnerungen an die eigenen Tage der Kindheit werden wach und lebendig - Erinnerungen und Sehnsüchte. Nein, nicht nur die Sehnsucht nach der Weihnachtsgans oder was sonst so traditionell auf den Tisch kommt, sondern vor allem die Sehnsucht nach Geborgenheit, die Sehnsucht nach Frieden und Freude für das Leben und die Sehnsucht nach Freiheit und Liebe. Diese Sehnsüchte begegnen uns in der Weihnachtsgeschichte, wenn der Verkündigungsengel den Hirten zuruft: „Fürchtet euch nicht!“ (Lk. 2,10) Dies sind Worte der Befreiung. Dort, wo Furcht und Angst herrschen, leben Menschen in Unfreiheit. Gott befreit und er möchte unsere Sehnsucht nach Freiheit stillen! „Siehe“ so ruft er weiter, „ich verkündige euch grosse Freude.“ (Lk. 2,10) Dort, wo Menschen in Freiheit leben, kann Freude gross werden. Die Sehnsucht nach einem freudigen, sinnerfüllten Leben will Gott befriedigen.

Und eben: „Frieden auf Erden bei den Menschen“. So ruft der Engel. Die Sehnsucht nach Frieden. Wie gross diese Sehnsucht nach Frieden und Freiheit und Freude ist, konnten wir doch in diesem Jahr vor allem in den vielen Ländern sehen, die sich Freiheit erkämpft haben oder auch noch erkämpfen und die sich einsetzen für den Frieden dort. Der Frieden hat zwei Geschwister: die Gerechtigkeit und die Liebe. Ohne Liebe gibt es keinen Frieden und ohne Liebe keine Gerechtigkeit.

Vielleicht ist es wirklich wahr, was einmal vor langen Jahren jemand geschrieben hat, dass einzig die Liebe das Geheimnis der Weihnacht erkennen und wahrnehmen kann. Und dass dort, wo Menschen in Liebe leben, sich ihnen das Geheimnis der Weihnacht offenbar wird. „Das Geheimnis feiern“ - so das Thema des heutigen Abends. Im Grunde heisst das dann: die Liebe Gottes feiern, mit der er uns Menschen begegnet und immer wieder neu begegnen will. Die Liebe Gottes, die in Jesus Christus Mensch geworden ist. Ja, zu Weihnachten feiern wir die menschgewordene Liebe Gottes. „So sehr hat Gott die Welt geliebt, dass er seinen einzigen Sohn in die Welt gesandt hat, damit alle, die an ihn glauben, nicht ihr Leben verlieren und verspielen, sondern zum wirklichen Leben finden." So sagt der Evangelist Johannes (Joh. 3,16).

Das tun auch wir noch viel zu oft: unser Leben verlieren und verspielen. Wie eine Flucht ohne Ende stürzen wir uns manchmal ins vermeintliche Leben - immer auf der Suche nach dem schnellen Glück, immer auf der Suche nach dem „Mehr" und dem „Besser". Wir können so tüchtig und erfolgreich sein, wie wir wollen, trotzdem wird alles immer nur rascher und viel zu schnelllebig. Wie oft verlieren wir dabei aus dem Blick, was uns wirklich durch das Leben trägt und unserem Leben Halt gibt.

Ja, die Liebe lässt uns das Geheimnis der Weihnacht erkennen und wahrnehmen und darum nennen wir die Weihnacht zu Recht das Fest der Liebe. Wir wissen: es ist allein die Liebe, die die Augen eines Menschen strahlend macht. So ist es auch den Hirten ergangen, als sie den neugeborenen Sohn Gottes in der Krippe liegen sahen. Die ganze Last des Alltags, die ganzen Bedrohungen und Gefahren, denen sie sonst ausgesetzt waren, waren wie verflogen. Es ist, als ob sie intuitiv gespürt hätten, dass es Momente im Leben gibt, in denen wir alles stehen und liegen zu lassen haben um aufzubrechen. Ja, es sind die Hirten gewesen, die vom Gesang der Engel und vom Lichtglanz des Himmels so erfüllt waren, dass sie hin-übergingen zum „Haus des Brotes", wie Betlehem übersetzt heisst, um in der Armseligkeit einer Krippe dieses Kind anzubeten. Dort, im Haus des Brotes, haben sie denjenigen kennen gelernt, der als Erwachsener später von sich sagen wird: „Ich bin das Brot des Lebens. Wer zu mir kommt, den wird nicht mehr hungern." (Joh. 6,35) Und ich wünsche uns allen, die wir heute Abend hier sind, dass es auch uns so ergehen mag wie den Hirten. Dass wir uns aufmachen. Dass wir aufbrechen zu diesem Haus des Brotes, uns auf den Weg zu diesem Kind aus der Krippe machen, damit er auch für uns das Brot des Lebens wird.

Es ist die Liebe, die das Herz eines Menschen singend macht. Mit solch einer Liebe ausgestattet haben die Engel im Himmel das „Gloria in excelsis“, das „Ehre sei Gott in der Höhe“ gesungen und haben die Herzen der Hirten so weit geöffnet, dass diese ganz getrost ihre Herden zurückliessen, um sich auf den Weg zu machen. Kennen auch wir eine solche Liebe, die unser Herz so weit werden lässt, dass unser Leben zur Musik und damit zum Lobpreis Gottes wird? Wo und wie wird es uns möglich sein, und ist es uns überhaupt möglich, den eigenen Gesang in unserem Herzen, unser Lied der Dankbarkeit und des Glücks, der Freude und unser Lied des Lebens so zu singen, dass es zu einer sich ausbreitenden Harmonie wird?

Ich weiss, dass es im Herzen eines jeden Menschen ungehörte und unerhörte Lieder gibt. Es gibt Lieder, die von Schmerz und Trauer geprägt sind, aber eben auch Lieder, die dem himmlischen Halleluja nahe kommen. Ich wünsche uns, dass wir zu solchen Menschen werden, die in sich ruhen und von Gott so getragen. So von Gott getragen, so erfüllt vom Reichtum Gottes, dass wir wie eine Melodie sind, die niemand überhören kann. Dass wir mit diesem Lied und mit unserem Gesang einen jeden anderen Menschen lockend und werbend zu diesem Gott rufen, der in uns dieses Lied des Lebens anstimmt.

Allein die Liebe lehrt uns, das Leben als ein Geschenk zu nehmen und uns selber als Menschen zu betrachten, die von Gott gesegnet sind. Die Gottes Segen auf und in sich tragen. Wenn wir zu Weihnachten einander beschenken, dann sagen wir damit, dass wir uns so fühlen und betrachten dürfen wie ein Geschenk des Himmels, das wir voller Dankbarkeit empfangen. Das Geheimnis dieses Abends, dieses Heiligen Abends, liegt auch darin, dass wir in jedem Menschen ein Wesensabbild Gottes sehen dürfen und dass wir einander so begegnen, als wären wir ein heiliges Bild, gleichsam wie eine Ikone. Jeder Mensch, ob hoch oder niedrig, ob reich oder arm, ob vom Schicksal begünstigt oder in die Ecke verstossen, ist in sich selbst in seinem Wesen, in der Schönheit seiner Person, die wir als Menschen so oft nicht wahrnehmen, ein solches heiliges Bild Gottes. Dieser Abend sagt uns: Wenn wir in die Augen eines anderen Menschen schauen, so schauen wir in die Augen Gottes. Im Atem seiner Worte spüren wir etwas vom Atemwind Gottes, der weht, wo er will, überall auf der Welt.

Weihnachten will immer auch neu Folgen für uns und unser Leben haben, denn es geht eine neu geschenkte Fähigkeit aus diesem Geheimnis hervor: es soll und es darf kein Kind mehr geben, das auf diese Welt kommt, ohne dass es Menschen findet, die ihm den Weg zum Himmel zeigen und über seinem Kopf den Stern ihm weisen als Bild der Hoffnung; und die es hören lassen den Gesang der Engel: „Ehre sei Gott in der Höhe und Frieden auf Erden." Seit dieser Heiligen Nacht hat jeder Mensch und jedes Menschenkind ein Recht auf diesen Frieden. Und darum ist bei aller Sentimentalität des heutigen Abends der heutige Abend eine hochpolitische Angelegenheit. Das war schon zu Jesu Zeiten so. Nicht umsonst haben die ersten Christen über dieses Kind aus der Krippe die Worte aus dem Buch des Propheten Jesaja gelegt: „Uns ist ein Kind geboren ... die Herrschaft liegt auf seiner Schulter ... und seine Herrschaft ist gross und der Friede hat kein Ende." (Jes. 9,6ff) Wir als Christinnen und Christen sind Botschafter dieses Friedens und dieser Liebe - immer und überall. Amen.

VOM GLANZ DER KRIPPE

Predigt am 1. Weihnachtstag

Predigttext: „Ich steh an deiner Krippen hier“ von Paul Gerhardt

(25. Dezember 2011)

Liebe Gemeinde,

es gibt Lieder, die begleiten mich seit meiner frühesten Kindheit. Immer wieder haben wir sie gesungen - ob zu Hause oder in den Gottesdiensten, ob im Kirchenchor oder im Posaunenchor. Es sind Lieder, die lassen uns sofort eintauchen in die Welt des Glaubens und wenn ich sie singe, sind sie gleich wie ein Glaubensbekenntnis für mich. Dazu gehört das Lied, dessen ersten Teil wir gerade gesungen haben: „Ich steh an deiner Krippe hier“ von Paul Gerhardt. Schon die erste Strophe hat es gewaltig in sich. Ohne jeglichen Firlefanz führt sie uns mitten hinein in das Weihnachtsgeschehen - und wie!

> *Ich steh an deiner Krippe hier,/ o Jesu, du mein Leben./ Ich komme, bring und schenke dir,/ was du mir hast gegeben./ Nimm hin, es ist mein Geist und Sinn,/ Herz, Seel und Mut, nimm alles hin/ und lass dir's wohl gefallen.*

Diese erste Strophe ist ein Bekenntnis zu Jesus Christus. Also nicht nur eine Schau der Krippe, nicht nur ein Davorstehen und Staunen. Nein, die Krippe hat jede Spur von Nostalgie und Sentimentalität verloren. Hier geht ein erwachsener Mensch an die Krippe und wendet sich direkt an Jesus, der für ihn der Herr der Welt ist und damit der Herr seiner eigenen Person. Und wie es so oft bei Paul Gerhard der Fall ist, tritt hier der Glaubende mit Jesus in einen direkten Dialog: „Ich stehe an der Krippe – du, Jesus, mein Leben / Ich bringe – du hast gegeben / Nimm alles hin – Du, lass es dir wohl gefallen.“

Ich weiss nicht, wie es Ihnen beim Singen dieser Strophe ergangen ist. Ich weiss nicht, was diese Worte bei uns auslösen, aber gezeichnet wird ein tiefes Bild des Glaubens: Du, Jesus, bist mein Leben. Dir, diesem Kind aus der Krippe, überschreibe ich mein Leben. Mein Leben gehört nicht mehr mir, sondern Gott. Der Apostel Paulus etwa kann dies in seinem Brief an die Galater mit den folgenden Worten sagen (Gal. 2,20): „Nicht mehr ich lebe, sondern Christus lebt in mir. Soweit ich aber jetzt noch in dieser Welt lebe, lebe ich im Glauben an den Sohn Gottes, der mich geliebt und sich für mich hingegeben hat."

Paul Gerhard eröffnet dieses Lied sehr programmatisch, indem er sagt: „Du, Gott, bist der Inhalt meines Lebens. Meinen Geist und meinen Sinn, Herz, Seele und Mut – all das gebe ich dir." Hier möchte sich ein Mensch gänzlich, mit Haut und Haaren, Gott anbefehlen, Gott überschreiben. Diejenigen unter uns, die die Biographie von Paul Gerhard kennen, wissen, dass er ein durch und durch evangelisch-lutherischer Pfarrer gewesen ist, der auf Grund seiner Lebensbiographie durchaus seine Schwierigkeiten mit den Reformierten hatte. Aber an dieser Stelle treffen sich ev.-lutherische und ev.-reformierte Tradition. Die Älteren unter uns, die noch in alter kirchlicher Tradition Fragen und Antworten aus dem Heidelberger Katechismus haben lernen dürfen, werden sich erinnern, dass in dieser ersten Strophe deutliche Anklänge an den so genannten ersten Artikel aus dem Heidelberger Katechismus zu finden sind. Er beginnt mit der programmatischen Frage: „Was ist dein einziger Trost im Leben und im Sterben?" Und die Antwort lautet: „Dass ich mit Leib und Seele, beides, im Leben und im Sterben nicht mir, sondern meinem getreuen Heiland Jesus Christus gehöre." Im Leben und im Sterben nicht mir, sondern Christus.

Wie, liebe Gemeinde, steht es denn mit uns? Könnten wir unser Christsein in solch einer Radikalität sehen und verstehen? Dass ich mit Leib und Seele diesem Kind aus der Krippe gehöre? Dass ich mein ganzes Leben mit all dem, was ich bin und habe, diesem Kind aus der Krippe anvertraue? Das klingt fast ein bisschen fundamentalistisch, aber wäre dies nicht auch im Sinne des Kindes aus der Krippe so? Ein klares, eindeutiges und unzweifelhaftes Bekenntnis zu ihm? Ein deutliches „Ja! Ja!" und nicht ständig dieses „Vielleicht, aber und doch nicht …?"

Paul Gerhard ist wichtig, dass wir alles, was unserer Person Wesen und Würde gibt, Gott zurückgeben: Geist und Sinn, Herz, Seel und Mut. Längst beschenkt mit dem, was unserer Person Wesen und Würde gibt, können wir dies als unsere wertvollste Gabe einsetzen: Unser Geist versucht zu begreifen, wie grossartig das Leben an sich ist, wie viel uns zu erkennen möglich ist, wie wir Sinnvolles schaffen und weitergeben können. Unsere Sinne können die Schönheit und den Reichtum des Lebens wahrnehmen, wir können sehen und schmecken, riechen und tasten, hören und fühlen, was uns zum Genuss gegeben ist.

Unser Herz kann staunen und lieben, mitleiden und Sehnsucht haben, weil uns so vieles bewegt, was nicht fassbar und begreifbar ist und doch Zauber oder auch Schmerz bedeuten kann. Unsere Seele ahnt den Zusammenhang im Leben aller Geschöpfe, die Unermesslichkeit von Raum und Zeit und die Zugehörigkeit zu allem Leben und sogar zu Gott selbst. Unser Mut wagt es, der Liebe einen Weg zu bereiten, Ungerechtigkeit und Gewalt entgegenzutreten und den Glauben konkrete Wirklichkeit werden zu lassen. All das, was unser Leben reich und sinnvoll macht, ist uns als Gabe geschenkt, und es ist zugleich das Grösste, was wir zum Dank bringen können.

Da ich noch nicht geboren war, / da bist du mir geboren / und hast mich dir zu eigen gar, / eh ich dich kannt, erkoren./ Eh ich durch deine Hand gemacht, / da hast du schon bei dir bedacht, / wie du mein wolltest werden.

Ich lag in tiefster Todesnacht, / du warest meine Sonne,/ die Sonne, die mir zugebracht / Licht, Leben, Freud und Wonne./ O Sonne, die das werte Licht / des Glaubens in mir zugericht',/ wie schön sind deine Strahlen!

Die zweite und dritte Strophe unterstreichen dieses Gesagte. Auch hier treten wir in einen solchen Dialog mit Christus, der seinen stärksten Ausdruck wohl in der dritten Strophe findet: Der tiefsten Todesnacht steht Christus als Sonne entgegen. Diese Sonne schenkt mir Licht, Leben, Freud und Wonne. Also all das, was das Leben lebenswert macht. Das, was unser Leben hell und freundlich macht. Und auch hier wollen wir uns die Radikalität des von Paul Gerhard Gedichteten uns vor Augen führen. Ihm ist deutlich: Nichts, aber auch wirklich nichts vermag der Mensch aus sich selbst zu tun. Alles ist ihm von Gott gegeben. Ein gottloses Leben zu führen heisst: ein Leben im Schatten des Todes. Auf der Sonnenseite des Lebens - trotz aller belastenden und traurigen Erfahrungen und Erlebnisse - steht nur der Mensch, der für sein Leben zulässt, dass die Sonnenstrahlen Gottes uns bescheinen. Wie schön sind deine Strahlen.

Ich sehe dich mit Freuden an/ und kann mich nicht satt sehen;/ und weil ich nun nichts weiter kann,/ bleib ich anbetend stehen./ O dass mein Sinn ein Abgrund wär/ und meine Seel ein weites Meer,/ dass ich dich möchte fassen!
Eins aber, hoff ich, wirst du mir,/ mein Heiland, nicht versagen:/ dass ich dich möge für und für/ in, bei und an mir tragen./ So lass mich doch dein Kripplein sein;/ komm, komm und lege bei mir ein/ dich und all deine Freuden.

Wir kehren mit diesen Strophen noch einmal zur Krippe zurück: „Ich sehe dich mit Freuden an.“ Interessanterweise verlassen wir an dieser Stelle den dialogischen Charakter des Liedes. Der singende Mensch, also wir werden immer mehr zum Bittsteller und Beter. Noch einmal wird festgehalten: angesichts der Grösse Gottes kann der Mensch nichts – ausser diesem Gott im Gebet zu begegnen. Um Gott zu begreifen, um ihn zu fassen, um auch dieses Gotteskind in den Händen zu halten, müssen sich uns Abgründe auftun und Horizonte sich weiten. Hinter diesem Bild steht freilich noch ein anderer Aspekt oder eine andere Frage, nämlich: Wie lässt sich Gott fassen – also: Wie kann ich das Unfassbare fassen? Wie kann ich Gott begreifen – also: Das Unbegreifliche, nämlich Gott selbst, mit den Händen greifen? Wie kann ich ihn verstehen? Und letztlich steht dahinter die Frage: Was heisst denn Glauben?

Paul Gerhard gibt auf diese Frage eine fast kindlich klingende Antwort, indem er sagt: Glauben heisst, diesem Jesus einen Raum zu geben, sein Kripplein sein. Glauben heisst, dass ich ihn möge für und für, in, bei und an mir tragen. Und die Botschaft, die er mit einer gewissen Einfachheit auf den Punkt bringt, dass dieser Jesus alles für mich sein möchte, dass ich ihn sozusagen an mir trage wie ein Gewand, klingt in der Sprache des Apostel Paulus (Gal 3,26f) so: „Ihr seid alle durch den Glauben Kinder Gottes in Christus Jesus. Denn ihr alle, die ihr auf Christus getauft seid, habt Christus (als Gewand) angelegt. Es gibt nicht mehr Juden und Griechen, nicht Sklaven und Freie, nicht Mann und Frau; denn ihr alle seid «einer» in Christus Jesus."

Christus als Gewand angelegt, dass ich ihn trage für und für, sein Kripplein sein: all dies sind tiefe Bilder für das, was Glauben bedeutet. An dieser Stelle schliesst sich auch der Bogen wieder zum Beginn des Liedes. Aus der Aussage, aus der Feststelllung: „Ich steh an deiner Krippe hier" ist die Bitte geworden: „Lass mich doch dein Kripplein sein". Wohne du bei mir, Gott. Ich selbst möchte dir Herberge sein, dich bei mir beheimaten. Das ist mehr als ein frommer Weihnachtswunsch, das ist ein Lebenswunsch. Christus - ganz und gar in mir. Der katholische Theologe Eugen Drewermann fasst diesen Wunsch zusammen mit den folgenden

Worten (in: *Der offene Himmel.* Predigten zum Advent und zur Weihnacht, S. 113)

„Unsere unendlich schöne, unendlich grosse, ewige Seele, dieser goldene Schmetterling von Licht wartet auf das Blühen des Lichtes der Liebe (Gottes) in unserem Herzen. ... Seit dieser Heiligen Nacht ist jeder Mensch ... ein lebendiges Heiligtum, wartend darauf, berührt zu werden, angesprochen zu werden mit den Gebärden und Zeichen der Liebe Gottes. Denn eine andere Krippe hat Gott sich nicht erwählt als unser Herz!"

Dass Gott in uns wohnen möge, dass wir ihm Raum geben mögen - das ist mein Weihnachtswunsch für uns. Amen.

WEIHNACHTEN UND DIE SPIELREGELN DER WELT

Predigt am 1. Sonntag nach Weihnachten
(27. Dezember 2009)

Liebe Gemeinde,
wenn ich während der Vorbereitung zu einer Predigt eine Denkpause brauche, schaue ich manchmal nach Hinweisen im Netz, also im Internet. Dort gibt es ja nichts, was es nicht gibt. Wenn wir etwa bei Google das Stichwort „Weihnachten" eingeben, werden wir erschlagen mit Internetseiten, auf denen wir zu diesem Thema etwas finden können. 166 Millionen Verweise finden wir, in denen wir dann in Ruhe nach dem schauen können, was wir über Weihnachten wissen möchten. Dieses Informationsangebot wird uns in 0,09 Sekunden zur Verfügung gestellt, zumindest bei der Geschwindigkeit, mit der bei uns im Haus das Internet arbeitet. Bei der Suchmaschine von Yahoo gibt es sogar noch ein paar Einträge mehr: nämlich 174 Millionen.

Diese hohe Anzahl vermag uns ein Weihnachtsfest ohne Grenzen zu schenken, denn wenn wir anfangen uns durchzuklicken, werden wir mit Sicherheit noch in zehn Jahren beim selben Weihnachtsfest sein. Es kann aber auch sein, dass wir aufgrund der Vielzahl des Angebots einen gewissen geistigen Schaden nehmen, denn es fragt sich doch, wer so viele Informationen wirklich gebrauchen oder gar aufnehmen kann. Es lohnt sich also zu selektieren.

Ich habe also das Weihnachtsquiz bei tagesschau.de. besucht. Zehn Fragen wurden gestellt und mein Ergebnis am Ende lautete: „Bravo, Sie haben sich Weihnachten redlich verdient." Es waren sehr unterschiedliche Fragen mit unterschiedlichen Schwierigkeitsgraden. Eine Frage etwa lautete: „Was feiern die Christen zu Weihnachten?" Die Antwortmöglichkeiten waren: „a) die Geburt Gottes, b) die Hochzeit von Maria und Josef und c) die Geburt von Gottes Sohn.“ Nun, ich denke, wir alle kennen die richtige Antwort. Es gab aber nicht nur biblische Fragen, sondern durchaus auch solche mit weltlichem Aspekt. So lautete zum Beispiel die vierte Frage: „Seit wann hält der Bundespräsident die Ansprache zu Weihnachten?“ Ich bin überzeugt, dass wir alle die Antwort kennen: „Seit 1970 hält in Deutschland der Bundespräsident die Weihnachtsansprache und der Bundeskanzler oder die Bundeskanzlerin die Neujahrsansprache. Von 1949 bis 1969 war es umgekehrt.“

Eine Antwort bin ich schuldig geblieben. Das mag daran gelegen haben, dass mir - trotz unserer vier Kinder - der Bezug dazu fehlt. Die Frage lautete: „Kartoffelsalat mit Würstchen, Gans, Ente oder Fisch - das kommt traditionell bei vielen Deutschen zum Weihnachtsfest auf den Tisch. Auch der Christstollen gehört dazu. Seine Form ist seit vielen Jahrhunderten unverändert geblieben. Warum?“ Antwortmöglichkeiten waren: „a) er erinnert in seiner Form an das in Windeln gewickelte Christkind, b) die Zutaten bleiben durch diese Form am längsten geschützt und c) diese Form ermöglicht die optimale Ausnutzung des Backofens.“ Meine Antwort war die Antwort b, aber sie war falsch, denn: Die erste urkundliche Erwähnung des Christstollens stammt aus dem Jahr 1329 in Naumburg an der Saale. Damals waren Stollen äusserst magere Backwaren aus Hefeteig und für das vorweihnachtliche Fasten bestimmt. Die Form ist bis heute unverändert geblieben und stellt ein „Gebildebrot" dar, das an das in Windeln liegende Jesuskind erinnern soll, was die weisse Zuckerschicht noch unterstreicht.

Doch warum ein solches Weihnachtsquiz zu Beginn einer Predigt am Sonntag nach Weihnachten? Es ist ein simples Beispiel dafür, wie Weihnachten vermarktet wird, dass sogar eine Internetseite wie tagesschau.de ein solches Quiz braucht. Ich habe mich erschrocken und ich erschrecke immer wieder neu, wenn ich sehe, wie sehr Weihnachten vermarktet wird und das in wirklich allen Bereichen. Durch nichts wird dies deutlicher unterstrichen als durch die Tatsache, dass am heutigen Tag in Herford die Geschäfte geöffnet haben - als einzige Stadt in ganz Ostwestfalen. Damit ist dann vom einst „Hilligen Herfurt“ nichts mehr übrig. Die Geschäfte sind geöffnet, damit die falsch oder nicht ganz richtig, die zu gross oder zu klein eingekauften Weihnachtsgeschenke umgetauscht oder eingetauscht werden können. Das hat nicht einmal Zeit bis morgen. Nein, den Verkäuferinnen und Verkäufern, die sowieso am Heiligen Abend bis 15 Uhr und länger gearbeitet haben, wird zugemutet, nach diesen eh hektischen Tagen sofort wieder in die Vollen zu steigen - am Sonntag, am Tag des Herrn. Und ich garantiere Ihnen: in wenigen Minuten ist der weihnachtliche Frieden wie weggeblasen.

Auch bei der weihnachtlichen Heiligen Familie war der weihnachtliche Friede wie weggeblasen. Aus dem Gesang der Engel: „Ehre sei Gott in der Höhe und Frieden auf Erden“ wurde zu schnell das Lied: „Auf, auf, mein Herz und fliehet!“ Denn bei Jesus ging das Leben anders weiter als es sich Josef und Maria vorgestellt haben. Sie werden die Lesung aus dem Matthäus-Evangelium noch im Ohr haben. Der Engel des Herrn erscheint Josef im Traum und nötigt ihn zur Flucht. Diese Episode im Leben Jesu dauert bis zum Tode des Herodes. Jesus: Er ist nicht der erste Migrant und wird in der Geschichte der Menschheit auch nicht der letzte Migrant bleiben. Vor ihm und nach ihm sind Menschen gezwungen und gezwungen worden, ihre Heimat zu verlassen. Menschen, die eigentlich nur in aller Ruhe und Frieden ihren Acker bestellen oder ihrer sonstigen Arbeit nachgehen wollten.

Die biblische Erzählung des Matthäus-Evangeliums berichtet, dass König Herodes sich sehr interessiert gezeigt hat, die Erklärungen der Sterndeuter und der am Hofe bediensteten Schriftgelehrten zu verstehen. Alles wollte er kennenlernen und wissen, weil auch er, wie er es verlautbaren liess, den neugeborenen König Israels huldigen und anbeten wollte. Doch seine Absicht - wir wissen es - war eine gänzlich andere. Er will nur hingehen, um alles zu töten, was für ihn eine Bedrohung darstellt. Kaum wird der Retter der Welt geboren, lauert im Hintergrund dieser tyrannische Herrscher, der darauf sinnt, das Neugeborene zu zerstören aus Furcht um den eigenen Thron. Er droht dem Kind aus der Krippe Verfolgung und Nachstellung, Flucht und Vertreibung.

Es ist offensichtlich, liebe Gemeinde, dass sich diese Geschichte am Hofe des Königs Herodes immer wieder von neuem wiederholt bis in unsere Tage hinein. Wissen wir um Menschen, die, als sie noch keine Machtbefugnisse hatten, uns nahe waren und nahe standen, und als sie den Geschmack von Macht im Mund gespürt haben, sich dann so veränderten, dass wir erschrocken sind über diese Veränderungen und Wandlungen? Kennen wir solche Menschen, die die Macht blind gemacht hat für den Nächsten? Die nur noch sich selbst und das Festhalten an ihrer Macht im Auge haben? Und machen wir uns nichts vor: in allen Lebensbezügen spielt Macht eine Rolle – ob im Leben zu zweit oder in der Familie, ob in einer Stadt wie Herford, wo im Moment zum Beispiel die Machtfrage ganz laut im Bereich der Kultur gestellt wird: Alle Macht zu MARTa oder auch in die anderen Kultureinrichtungen? Oder natürlich auch auf der politischen Ebene. Denken wir an den Afghanistan-Konflikt. Da geht es um nichts anderes als um die Frage der politischen Macht. Die wirklichen Opfer bekommen ein paar Scheine in die Hand gedrückt, die sie dann in Gehorsam wieder ihren Machthabern in die Hände drücken dürfen.

Da sitzt auf dem Thron der Macht ein Herrscher, der sich sofort bedroht fühlt, als sich ein anderer Machthaber ankündigt. Dass dessen Reich nicht von dieser Welt ist, spielt überhaupt keine Rolle. Dass sein Reich sich gründet in Frieden und Güte und Menschlichkeit, ist so unerheblich wie nur irgendetwas. Es ist so: Der, der Macht hat, befindet sich in der steten Gefahr, Macht zu verlieren. Er befindet sich in der Gefahr, ohne Einfluss zu sein. Ohne Geltung und ohne Ansehen. Ja, Macht verändert einen Menschen. Mit der Geburt Jesu von Nazareth werden neue Wertmassstäbe gesetzt und diese spalten die Welt bis auf den heutigen Tag. Nicht umsonst sagt Jesus: „Mein Reich ist nicht von dieser Welt!“ (Joh. 18,36) Oder: „Ihr wisst, dass die Herrscher ihre Völker unterdrücken und die Mächtigen ihre Macht über die Menschen missbrauchen. Bei euch soll es nicht so sein, sondern wer bei euch gross sein will, der soll euer Diener sein!“ (Mt. 20,24f) Wenn wir die Zeitungen aufschlagen oder die Nachrichten im Radio oder im Fernsehen hören und sehen, dann entdecken wir die Welt des Herodes. Es ist eine scheinbar vernünftige, logisch durchdachte, in vielen Belangen geregelte, geordnete und wohl verwaltete Welt. Wir brauchen viel Erfahrung und oft auch Hintergrund- oder Insiderwissen, um zu entdecken und zu verstehen, wie viel Tyrannei und Vergewaltigung des Menschlichen in unserer Welt zu finden ist. Es ist die Welt der Macht und des Geldes. Um dem nicht zu erliegen, bedarf es einer grossen Portion Selbstbewusstsein oder eben auch einer Standfestigkeit im Glauben.

Aber es ist eben auch eine Welt, die unser Denken weithin beherrscht und im Griff hat. Wäre es nicht so, würden wir auf die Strasse gehen und zum Beispiel nicht zulassen wollen, dass Geschäfte heute offen sind oder die heimlichen Supermärkte des Sonntags die Tankstellen sind, bei denen wir mittlerweile alles kaufen können - von eingeschweissten Grillwürstchen über Kondensmilch und weiss der Teufel, was sonst noch alles. Doch es gilt eben auch: solange wir dieses Spiel mitspielen, werden die Gewinner des Spiels immer die anderen sein.

Doch daneben gibt es diese andere Welt. Und wenn Josef nicht der Stimme des Engels vertraut hätte, wenn er dieser Traumanweisung nicht gefolgt wäre - hätten wir es getan? -, dann hätte das Heil der Welt nicht die geringste Chance gehabt. Josef kann an keiner Stelle wissen, wie sein Leben weiter gehen wird. Kaum dass der Engel zu ihm gesprochen hat, wird er genötigt, noch in derselben Nacht aufzubrechen, um dieser

Welt des Todes und der Berechnung zu entfliehen. Was ihn in Ägypten erwartet, kann er weder erahnen noch voraussehen. Was er wissen wird, ist, dass er in der Fremde eine Wohnung nehmen wird, fernab von seinem bisherigen Leben, fernab von seinen Freunden und Bekannten - umgeben von einer gänzlich anderen Umwelt und Kultur.

Können wir uns das für unser eigenes Leben vorstellen? Dass wir auf die Botschaft im Hintergrund hören, auf diese Anrede eines Engels in der Nacht und dass wir uns aufmachen, ohne zu wissen wohin? Ist es denkbar, dass unser eigenes Leben immer wieder von solchen Aufbrüchen bestimmt sein darf, damit es sich zu unserem Heil gestaltet? Es gibt unter den Augen Gottes eine Verheissung, die sich durch alle Aufbrüche in den biblischen Traditionen durchzieht: nie werden wir ausrechnen können, nie werden wir wissen können, wer wir letztlich sind und was mit uns sein wird - das kann sich von jetzt auf gleich verändern. Wohl aber dürfen wir wissen, dass Gott bei uns sein wird, egal, wohin uns die Träume seiner Botschaft führen. Ob in der Heimat oder in der Fremde: er wird bei uns sein. Das hat er zugesagt und uns versprochen: „Siehe, ich bin bei euch alle Tage bis zum Ende dieser Welt.“ (Mt. 28,18)

Wir Menschen, liebe Gemeinde, haben uns immer wieder zu entscheiden: ob wir auf die Stimme Gottes hören wollen, die uns in einem Traum erreichen kann und uns in seine Welt führen will, oder ob wir immer und immer wieder neu den Gesetzen der Welt Folge leisten wollen. Denn diese beiden Wege, diese beiden Welten widersprechen sich wie Kain und Abel, wie Tag und Nacht, wie Leben und Tod, wie Herodes und Christus. Wir stehen dazwischen und haben zu wählen: ob wir dem Diktat der Macht gehorchen oder der Freiheit Gottes folgen wollen? Das Gesetz der Welt ist hart und unnachgiebig, es kennt nur Gewinner und Verlierer, oben und unten, leben oder sterben. Das Leben in Christus aber verheisst Hoffnung. Beginnendes Licht. Das Ende der Angst Verlierer zu sein, weil wir in Gottes Augen immer Gewinner sind. Amen.

Die letzten Worte Jesu am Kreuz

Gottesdienst am Karfreitag

(02. April 2010)

Liebe Gemeinde!

Wir haben vorhin als Lesung den engsten Teil der so genannten Passionsgeschichte gehört, den inneren Kern - beginnend mit dem Verhör Jesu vor Pilatus, der Krönung mit der Dornenkrone, die Kreuzigung, die Verhöhnung des Gekreuzigten und den Bericht über das Sterben und den Tod Gottes am Kreuz. Das sind die Themen des heutigen Freitags, des schwarzen Freitags, des düsteren Freitags, an dem der Vorhang im Tempel zu Jerusalem in der neunten Stunde zerriss, also um drei Uhr am Nachmittag.

Kreuzigungen wurden etwa 600 Jahre vor Christus eingeführt. Im Vergleich zu der bis dahin üblichen Hinrichtungsform war die Kreuzigung eine Verweichlichung. Die Assyrer bevorzugten die Pfählung eines Menschen. Von diesen Pfählungen gibt es Darstellungen. Man legte den Menschen, der an den Händen am Rücken gefesselt war, auf einen angespitzten Holzfahl, wo er sich durch das Eigengewicht des Körpers langsam aber sicher aufspiesste. Irgendwann durchstiess dieser Fahl die Gedärme des Menschen und er verblutete. Die „Stangen des Todes“, das Kreuz, waren demgegenüber eine Verweichlichung. Darius, der König der Perser, hat die Kreuzigung zum ersten Mal in grossem Stil öffentlich eingesetzt, als er 3.000 Gegner der Krone in Babylonien kreuzigen liess. 80 Jahre vor Christus etwa liess Alexander von Judäa 800 Pharisäer kreuzigen. Der unrühmliche Höhepunkt war die Kreuzigung von 7.000 Männern entlang der Via Appia zwischen Rom und Capua nach dem von Spartakus angeführten Sklavenaufstand. Kreuz an Kreuz standen sie zu beiden Strassenseiten. Diese „Stangen des Todes“ wurden eine feste Einrichtung auf öffentlichen Plätzen. Quintilius etwa empfahl dafür belebte

Strassenkreuzungen, weil er fand, dass es ein gutes Mittel sei, um die öffentliche Moral zu stärken.

Nun dürfen wir freilich auch die äussere Situation im Nahen Osten nicht unterschätzen: drückende Hitze, die stechende Sonne, Fliegen und anderes Ungeziefer, streunende Hunde, Ratten. Die Mehrzahl der Gekreuzigten lebte noch zwei Tage, die Robusteren manchmal bis zu einer Woche. Der Tod trat meistens durch Erschöpfung ein oder durch Atemstillstand aufgrund der gehobenen Arme, also durch das Wasser des Körpers, das nicht mehr zirkulierte, so dass der Gekreuzigte langsam aber sicher erstickte. Kreuzigungen waren den ersten Christen ein solch schrecklicher Anblick, dass es erst seit dem fünften Jahrhundert Kreuzesdarstellungen Jesu gibt.

Es sind, liebe Gemeinde, in den vier Evangelien sieben Sätze, sieben Worte Jesu vom Kreuz überliefert. Sieben Worte, die er während der Dauer seiner Kreuzigung sprach. Das sind jene Worte, die überliefert sind. Wie viele stille Gebete wohl dabei gewesen sein werden, ist nicht bekannt. Seine letzten Worte sind sein Testament, die Bekundung seines letzten Willens. Vielfältig musikalisch bearbeitet. Und immer und immer wieder neu nachdenkenswert, zu Herzen gehend.

„Vater, vergib ihnen, denn sie wissen nicht, was sie tun!" So lesen wir im Lukasevangelium (Lk. 23,34). Im Wissen darum, dass er das Kreuz nicht lebend verlassen wird, sagt Jesus diese Worte. Vater, vergib ihnen. Vergebung ist der Ausdruck tiefster Liebe und Vergeben-können ist der Ausdruck zutiefst gelebter Liebe. Nur wer liebt, kann vergeben. Aus Liebe zu dieser Welt, zu uns Menschen kam Gott zur Welt. So sehr hat Gott die Welt geliebt, dass er seinen einzigen Sohn gab, damit die, die an ihn glauben, nicht verloren gehen, sondern das wahre, das wirkliche, das ewige Leben haben. (Joh. 3,16) Aus Liebe zu dieser Welt, aus Liebe zu

uns Menschen ging Gott ans Kreuz. Im Sterben und durch den Tod hindurch hält Gott an seiner Liebe zu uns Menschen fest.

Wenn wir heute diese Worte hören, wissen wir um das Kreuzesgeschehen. Aber wissen wir heute, was wir tun? Oder müssen wir uns diese Worte immer noch vom Gekreuzigten zusagen lassen: „Vater, vergib ihnen, denn sie wissen nicht, was sie tun?" Es ist wohl so! Jeden Tag müssen uns diese Worte immer wieder neu zugesagt werden. Solange wir Menschen leben, laden wir Schuld auf uns. Solange wir sind, müssen wir mit unseren Fähigkeiten und Begabungen, aber eben auch mit unseren Fehlern und Schwächen leben lernen. Und solange wir leben, müssen wir uns angesichts der vielen und so unterschiedlichen Menschen, die dieses Schauspiel am Kreuz beobachten, fragen: Wie gehe ich mit meinem Zorn und meinen Aggressionen um? Lasse ich mich mitreissen vom Strom der öffentlichen Meinung? Hätte ich auch „Hosianna" gerufen und wenig später „Kreuzige ihn!"? Und die Fragen gehen an dieser Stelle noch weiter: Habe ich den Mut, in eine gewaltsame Auseinandersetzung einzugreifen, damit kein Schaden angerichtet wird? Finde ich den Mut, jemanden zu verteidigen, wenn er unschuldig angegriffen wird? Hinter all diesen Fragen steckt folgende Grundsatzfrage: Wird mein Reden und mein Handeln von ethischen Normen und Werten beeinflusst? Und beeinflusst mein Gewissen mein Tun?

„Mich dürstet!" (Joh. 19,28) Ein anderes Wort Jesu am Kreuz. Das Wort eines Sterbenden. Wer unter uns einen anderen Menschen durch das Sterben hindurch begleitet hat, weiss, dass der Durst bis zum letzten Atemzug besteht. Es ist nicht der Durst im eigentlichen Sinn, so wie wir zum Wasserhahn gehen, es ist mehr die Bitte darum, die Lippen zu befeuchten, den Mundraum auszuwaschen, die Stirn mit einem feuchten Waschlappen zu kühlen und den Schweiss zu entfernen. Jemandem so zu begegnen, jemanden so zu begleiten, ist der letzte Liebesdienst, den wir einem anderen Menschen erweisen können.

Wenn es nahestehende Menschen sind, geschieht mit uns in diesem Moment etwas völlig Widersinniges, etwas völlig Konträres, Gegensätzliches: wir wissen um den letzten Dienst, um diesen letzten Liebesdienst, den wir dem anderen erweisen und es ist zugleich ein Dienst zum Abschied. Zum letzten Mal befeuchten wir den Mundraum, zum letzten Mal halten wir den Nacken hoch, zum letzten Mal streicheln wir über die Stirn, zum letzten Mal. Und während wir dies tun, werden Erinnerungen in uns wach. Wie im Film reihen sich Szene an Szene, Begebenheit an Begebenheit. Angesichts des Todes werden Erinnerungen an das Leben wach. In diesen Schmerz des Abschieds drängt Dankbarkeit hinein. „Mich dürstet!" – als Jesus dies gesagt hat, dem Tode nahe, hat man ihm kein Wasser gegeben. Wir erinnern uns: die Soldaten hatten ihn verspottet und ihm Essig gegeben. Es war eine Geste des Spotts und der Verachtung. Kein Trank aus lebendigem Wasser, sondern ein Trank des Todes aus bitterem Essig. In den Gesichtern stand Hass und kränkende Schadensfreude. Jesus – ein Opfer des Spotts. Kennen auch wir solche Situationen, in denen wir Gott verspotten? Oder wenn doch nicht verspotten, so dann doch links liegenlassen? Manchmal bekommen wir Gott nur in den Blick, wenn wir einen Rettungsanker brauchen. Doch Christus will mehr sein: er will die lebendige Quelle für uns und in uns sein, keine Quelle des Todes, sondern eine Quelle des Lebens. „Mich dürstet!" – hoffentlich spüren wir diesen Durst nach Leben, nach wahrem, wirklichem Leben.

„Gott, mein Gott, warum hast du mich verlassen?" (Mt. 27,46) Kennen wir das, liebe Gemeinde, Verlassenheit? Allein gelassen zu werden, niemanden um sich zu haben, Freunde wenden sich ab, menschliche Beziehungen sind abgebrochen. Verlassenheit heisst: das Gefühl der inneren Leere wahrnehmen, leer sein, vor einem Abgrund stehen, in ein dunkles Loch schauen, das Dunkel greifbar vor Augen haben. Verlassenheit meint: alleine unter der Last leiden, die Schwere der Last tragen, zusammenbrechen, hinfallen und liegen bleiben, sterben wollen, den Tod her-

beisehnen, keinen Boden unter den Füssen haben. Verlassenheit heisst auch: zum Spielball der Spötter werden, die eigene Würde im Dreck liegen sehen, geschlagen werden, wehrlos sein, die Selbstachtung verlieren. Verlassenheit tut weh und macht Angst.

„Mein Gott, mein Gott, warum hast du mich verlassen?“ (Mk. 15,34) Ist das das Rufen eines Verlassenen? Ruft das wirklich einer, der keine Beziehung mehr hat? Der Schrei des Verlassenen hat einen Adressaten. Auch und gerade in der Einsamkeit, in der Verlassenheit hält Jesus daran fest, dass Gott ihn hört und wahrnimmt. Auch in der Beziehungslosigkeit beharrt der Gekreuzigte darauf, dass da einer ist. Gott wird angerufen, beklagt, angeklagt. Mit seinem Kreuz zieht Jesus Gott in die dunkelsten Niederungen unserer Wirklichkeit. Einer Wirklichkeit, die ohne Gott nicht auskommt. Gott lässt sich auf das ein, was keiner will und doch jeder und jede erleiden muss: das Sterben, das Ende, den letzten Atemzug. Gott kennt den Tod. Dieses Wort am Kreuz ist kein Selbstgespräch, keine vor die Leute geworfene Klage, sondern ein auf Gottes Antwort wartendes Gebet. Vielleicht lesen Sie zu Hause noch einmal in Ruhe Psalm 22, der Psalm, aus dem diese Worte entnommen sind. Denn mit diesen Worten beginnt der Psalm 22: „Mein Gott, mein Gott“. Aber wenn wir diesen Psalm als Ganzes lesen, werden wir der Bewegung nachgehen können, die dieser Psalm geht: Von der Verlassenheit zu dem Bekenntnis: „Den Herren sollen preisen, die ihn suchen.“ Aufleben soll euer Herz für immer. Von der Verlassenheit zum Leben, von der Klage des Einzelnen: „Ich rufe bei Tag, doch du gibst keine Antwort!“ zum Lobpreis der Völker, wenn es heisst: „Der Herr regiert als König; er herrscht über alle Völker!“ Von der Klage zum Lob. Vom Tod zum Leben. Von der Trauer zur Hoffnung.

„Amen, ich sage dir: Heute wirst du mit mir im Paradiese sein!“ (Lk. 23,41-43) Ich erinnere mich sehr deutlich, dass dieses Wort für mich als Kind und als Heranwachsender unendlich wichtig war. So grausam auch das Sterben und der Tod eines Menschen sein können, das Para-

dies wartet. Heute noch wirst du mit mir im Paradiese sein. Dieses Wort vom Kreuz ist den Menschen zugesagt, die ihr eigenes Kreuz kaum bewältigen können. Die wie Jesus darauf angewiesen sind, dass ihnen jemand hilft. Dieses Wort vom Kreuz ist ein Wort der Hoffnung für Hoffnungslose. Ein Wort des Trostes für Verzweifelte. Ein Wort des Lebens für die vom Tode Bedrohten. Ein Wort des Lebens mitten im Todesgeschehen. Und dieses Wort ist darum keine billige Vertröstung, weil es teuer erkauft ist - durch das Blut Jesu Christi. Es ist kein billiger Trost, weil der Sterbende, der gekreuzigte Gott, dieses Wort vom Leben sagt.

Das Paradies: das ist kein Ort der Phantasie und keine Stadt aus Träumen gemacht und gebaut, sondern das ist der Ort, wo die Liebe niemals aufhören wird. Der Ort, wo wir von Gott nicht mehr wie in einem Spiegel und allein rätselhafte Umrisse sehen, sondern wo wir Gott von Angesicht zu Angesicht schauen und ihn durch und durch erkennen werden, so wie wir jetzt schon erkannt worden sind. Das Paradies ist der Ort der Gottesbegegnung! Der Ort der wahren Gotteserkenntnis! Das, was einst im Garten Eden nicht hat sein sollen oder dürfen, wird sich hier erfüllen.

„Es ist vollbracht!“ (Joh. 19,30) Dieses Wort steht am Ende eines heilbringenden und spannungsgeladenen Lebens. Jesus beendet sein eigenes Leben mit dem Wort: „Es ist vollbracht.“ Es klingt wie ein Seufzer, wie ein letzter, leiser Aufschrei nach Erlösung von einem gescheiterten Leben und einem qualvollen Todeskampf. Es ist der Schlusspunkt eines Lebens, das aus der Liebe zu den Menschen bestand.

Sein Leben hat Höhen und Tiefen gekannt. Es gibt Augenblicke, in denen die Menschen zu ihm kommen, um sein Wort zu hören und sich von ihm heilen zu lassen. Es gibt die Erfahrung, dass die Menschen ihm zujubeln und ihn als König verehren. Hinzu kommen die negativen Lebenserfahrungen: die Auseinandersetzungen mit der Obrigkeit, die Streitigkeiten mit den Schriftgelehrten und Pharisäern, die sich zuspitzen und ihren Höhepunkt haben in den Rufen nach dem Kreuz und dem Tod. Das Wort „Es ist vollbracht" beinhaltet Resignation, ist aber auch ein verbales Zeichen für ein konsequentes Leben bis zum Ende. Mit diesem Wort legt Jesus sein ganzes Leben in die Hände Gottes. Er nimmt sein Leben und seinen Tod an. Der Tod gehört zu seinem Leben.

Aber Gott ist kein Gott des Todes, sondern ein Gott des Lebens. Der Tod Jesu ist der Durchgang zum Leben, zum ewigen Leben. Jesus hat in seinem Leben die Liebe in seinen Taten konkretisiert und erfahrbar gemacht. Nun vollendet es Gott durch die Auferstehung. Am Ende des Lebens steht nicht der Tod, sondern das ewige Leben in Gott. Das Wort Jesu am Kreuz ist ein Ruf am Übergang vom Tod zum Leben oder von der Vergangenheit und Gegenwart in die Zukunft. Amen.

Gott am Kreuz

Gottesdienst am Karfreitag
(10. April 2009)

Musik zu Beginn des Gottesdienstes
Liturgischer Gruss – Gemeinsames Psalmgebet (Psalm 22)
Eingangsgebet

Gott, wir denken an das Leiden und Sterben Jesu. Wir begegnen dem Leiden und Sterben auf Schritt und Tritt: in unserer Familie, in unserer Strasse und in unserem Ort, an so vielen Stellen in unserer Welt.
Manche von uns haben selbst schon Kreuzwege gehen müssen in ihrem Leben, haben Bitteres erlebt und Hartes erfahren, sind lebendig schon Tode gestorben. Jesus hat sich ans Kreuz nageln lassen.
Viele Menschen damals haben es nicht verstanden und viele verstehen es auch heute nicht. Hilf uns, dem Anblick des Kreuzes standzuhalten, dass wir vor dem Leiden nicht fliehen in Ablenkung oder Zerstreuung, nicht ausweichen in einfache Lösungen oder schnelle Schuldzuweisungen.
Segne uns, wenn wir nachdenken über das Kreuz, sei bei uns mit deinem lebendigen Geist, der das Schwere aushalten lässt und uns Tore zum Leben öffnet. So legen wir unser Leben in deine Hände, denn nur so können wir getrost einstimmen in den Lobpreis deines Namens. Amen.

Lied: „Herr, stärke mich, dein Leiden zu bedenken“ (EG 91,1)

LektorIn: Wir hören die Artikel 37 und 40 aus dem Heidelberger Katechismus.
Artikel 37: Was verstehst du unter dem Wort »gelitten«?
Jesus Christus hat an Leib und Seele die ganze Zeit seines Lebens auf Erden, besonders aber an dessen Ende, den Zorn Gottes über die Sünde des ganzen Menschengeschlechts getragen. Mit seinem Leiden als dem

einmaligen Sühnopfer hat er unseren Leib und unsere Seele von der ewigen Verdammnis erlöst und uns Gottes Gnade, Gerechtigkeit und ewiges Leben erworben.

Artikel 40: Warum hat Christus den Tod erleiden müssen?

Um der Gerechtigkeit und Wahrheit Gottes willen konnte für unsere Sünde nicht anders bezahlt werden als durch den Tod des Sohnes Gottes.

Lied: „…“ (EG 91,2+3)

Lesung von Markus 14,43-50 (in Auszügen)

Musik

Auslegung

Liebe Gemeinde,

wir wollen heute den Weg durch die Passionsgeschichte gehen, wie sie uns der Evangelist Markus berichtet. Es beginnt - und wir haben es gerade gehört - mit der Festnahme Jesu im Garten Gethsemane, nachdem Judas Jesus verraten hat. Der Bruderkuss, ein Zeichen der Wertschätzung und der Anerkennung, ein Zeichen der Achtung und der Liebe, ist zu einem Verräterkuss geworden. Dieses vermeintliche Zeichen der Liebe bildet den Auftakt des Passionsgeschehens, das mit der Kreuzigung Jesu endet. Der Bruderkuss, der zum Verräterkuss wird, ist der eine Spannungsbogen. Es gibt einen zweiten.

Es kommt zum Widerstand und bei dieser Gegenwehr wird einem der Knechte des Hohen Priesters das Ohr abgehauen. Allein der Evangelist Lukas berichtet über die Heilung und dennoch ist der Spannungsbogen da: wie ein Räuber, wie ein Verbrecher wird Jesus gefangen genommen, der Mensch, der die Gewaltlosigkeit gepredigt hat. Von dem wir nur aus einer Lebenssituation wissen, dass er rabiat geworden ist: nämlich bei der Vertreibung der Händler und Wechsler aus dem Tempel, aus dem Haus Gottes.

Was für uns bis auf den heutigen Tag nachvollziehbar ist, weil wir uns oft genug nahe davor oder gar mitten befinden, das ist die Situation des Verrats. Das kennen wir - auch wenn wir es vielleicht nicht wollen. Doch wer unter uns ist noch nie zu einem Verräter geworden? Menschlich - und wenn auch nicht gut zu heissen - doch allzu menschlich ist das, was Judas tut.

Doch sehr schwer nachzuvollziehen ist für uns, dass Jesus diesen Weg gehen musste, weil die Schriften erfüllt werden müssen und letztlich weil Gott es so wollte. Durch dieses eine Opfer sollen wir ein für alle Mal gerettet werden. Fassen, gedanklich greifen, kann dies nur der Glaube. Ich kann es nicht verstehen. Ich kann nur glauben: Gott gibt sich selbst hin für uns Menschen. Ich kann nur glauben: Der Mensch gewordene Gott ist ganz und gar Gott, weil nur Gott selbst uns Menschen diese Erlösung geschehen lassen kann. Der Mensch gewordene Gott ist ganz und gar Mensch, weil er durch dieses Tal der Tränen hinauf nach Golgatha gegangen ist. Auch dies kann ich nur glauben.

Lied: „…" (EG 91,4+5)

Lesung von Markus 14,53-65 (in Auszügen)

Musik

Auslegung

Kennen Sie, liebe Gemeinde, dieses Geräusch, wenn eine Faust das Gesicht trifft? Wenn jemand gewaltsam Schläge bekommt? Auf den Kopf? Auf den Oberarm? In den Magen? Auf den Brustkorb? Es ist ein stumpfes Geräusch und es zieht doch durch den ganzen Körper. Wir mögen auch an die schallende Backpfeife denken.

Es ist schon erschreckend, was wir alles mit unseren Händen tun können: nicht nur pflanzen und aufbauen, nicht nur streicheln und liebkosen, nicht nur Gutes tun und Barmherzigkeit üben, sondern eben auch schlagen und zuschlagen, verletzen und zerstören, den Hammer nehmen und tot schlagen. Mit unseren Händen können wir sowohl das Eine wie auch das Andere. Sie sind universal einsetzbar. Werkzeuge zum Streicheln und zum Quälen, zum Liebkosen und zum Töten.

Haben Sie schon einmal, liebe Gemeinde, jemandem ins Gesicht gespuckt? Im vollen Bewusstsein? Um ihn zu demütigen? Das geht nur mit viel Verachtung für den anderen, mit viel Gleichgültigkeit, mit viel Hass. Manchmal auch mit viel Zorn.

Seitdem es uns Menschen gibt, tragen wir in uns die Möglichkeit, anderen Menschen Gewalt anzutun. Durch unsere Hände. Durch Gesten. Durch Worte. Auch hiervon wird sich niemand freisprechen können. Und die Gewalt anderen gegenüber ist so vielfältig wie wir denken können. Manche Menschen haben aus dieser Möglichkeit eine Fähigkeit gemacht, um noch perfekter, noch unauffälliger und noch perverser anderen Menschen Gewalt anzutun. Die Römer konnten das schon ganz gut. Sie waren erfinderisch und hatten Phantasie. Doch die wahren Spezialisten für Folter und Foltermethoden leben heute. Und sie werden immer perfekter. Ich bin davon überzeugt: wenn in einhundert Jahren jemand auf die Foltermethoden von heute zurückblickt, wird er schmunzeln und sagen: „Wie primitiv doch die Methoden damals waren."

Doch eines will noch gesagt sein, eines muss noch gesagt werden: hier wird nicht irgendwer gefoltert und gequält – was schlimm genug wäre. Kein Mensch hat das Recht, anderen Menschen – in welcher Form auch immer – Gewalt anzutun. Hier wird Gottes Sohn gefoltert. Bespuckt. Gedemütigt. Mit den Fäusten geschlagen. Gott ganz tief unten. Gott am Boden. Für uns. Unseretwegen.

Lied: „..." (EG 91,6+7)

Lesung von Markus 14,66-72 (in Auszügen)

Musik

Auslegung

Petrus bricht in Tränen aus. Wie gut, wenn Menschen weinen können. Wie gut, wenn Menschen ihre Gefühle zeigen. Wie gut, wenn Menschen - und erst recht Männer - nicht immer die starken Helden spielen müssen, sondern sich ihrer Bedürftigkeit nach Halt und Schutz gewahr werden.

Petrus bricht in Tränen aus. Er bricht in Tränen aus, weil es so gekommen ist, wie Jesus es vorher gesagt hatte. „Ja." so hatte er gesagt, „Du, Petrus, wirst mich verleugnen." Er bricht in Tränen aus, weil er seine eigene Schwachheit erkennt. Jetzt, wo es nötig gewesen wäre, Jesus beizustehen, verliess ihn der Mut und seine Kräfte. Angst mag er gehabt haben um sein eigenes Leben: Was mag geschehen, wenn ich mich als Freund Jesu zu erkennen gebe? Werden sie mich auch gefangen nehmen? Werden sie mich auch kreuzigen?

Wann haben wir das letzte Mal geweint? Beim Tod eines lieben Menschen? Nach einem Streit? Beim Anblick der Bilder aus L'Aquila? Beim Anblick der über 200 Leichen aus dem Flüchtlingsschiff aus Afrika? Wann? So viele Geschehnisse müssten uns eigentlich das Weinen lehren. Viel zu viele.

Lied: „..." (EG 91,8+9)

Lesung von Markus 15,1-15 (in Auszügen)

Musik

Auslegung

Liebe Gemeinde, die Situation spitzt sich zu und Demokratie ist, wenn das Volk entscheidet. Das Volk hat entschieden: „Kreuzige ihn!" So rufen sie Pilatus zu, der damit von sich sagen kann: „Ich wasche meine Hände in Unschuld." So einfach ist das. So einfach geht das.

Doch wir sehen in dieser Szene eben auch, wie Politik gemacht wird: Die Hohen Priester überredeten das Volk – so hatte es geheissen.

Wie leicht verführbar ist ein Volk. Gib dem Volk eine Abwrackprämie von 2.500 Euro und es werden Autos gekauft ohne Ende. Dass auf der anderen Seite der Medaille 60.000 Arbeitsplätze in Autoreparaturwerkstätten gefährdet sind, muss ja nicht gesagt werden. Und es muss ja auch nicht gesagt werden, dass als nächstes die Autoindustrie vor den gleichen Problemen stehen wird, weil definitiv weniger Autos verkauft werden. Wie leicht verführbar ist doch ein Volk. „Gebt dem Volk Brot und Spiele, dann verhält es sich ruhig!", das wussten schon die alten Römer und sie hatten Recht damit.

Doch was lehrt uns die Szene? Von Wahlversprechen wissen wir, dass sie da sind, um gebrochen zu werden und glauben ihnen nicht mehr. Aber da muss doch mehr sein! Vielleicht zumindest dieses Eine, der Appell: Leute, Menschen, lebt wachsam, wenn es um Menschen geht. Hinterfragt und befragt, lasst euch nicht in die Irre führen, sondern bleibt kritisch und wach. Und da, wo ein Mensch gegen den anderen ausgespielt wird, kann es nicht mit rechten Dingen zugehen. Und ein letztes: unschuldig ist Pilatus nicht, denn er ist den Weg des geringsten Widerstands gegangen. Er hat die Unschuld Jesu erkannt und hat trotzdem mit ihm gespielt. Doch Menschen sind keine Spielbälle.

Lied: „..." (EG 91,10)

Lesung von Markus 15,20 - 39 (in Auszügen)

Musik

Auslegung

Liebe Gemeinde, zweimal schreit Jesus am Kreuz. Das eine Mal ist es ein Verzweiflungsschrei: „Mein Gott, mein Gott, warum hast du mich verlassen?" Und seit Jesus dieses „Warum" vom Kreuz geschrien hat, können wir ebenso mit unseren ganzen Warum-Fragen zu Gott kommen – auch wenn längst nicht alle Fragen hier auf Erden Antworten finden werden. Aber wir können sie ihm stellen. An den Kopf werfen. Wir können unsere ganze Verzweiflung ihm vor die Füsse legen.

„Mein Gott, warum hast du mich verlassen?“ Kennen wir diese Gottesferne aus unserem Leben? Kennen wir solche Situationen, in denen Gott unerreichbar weit weg von uns ist? Lebensmomente, in denen wir uns von Gott verlassen fühlen?

Der heutige Tag, der Karfreitag, will uns lehren, genau diese Spannung auszuhalten. Mit dieser Spannung und vielleicht auch mit solchen Fragen, die hier auf Erden nicht beantwortet werden können, zu leben. Solche Erfahrungen sind Grenzerfahrungen. Das Leiden und das Sterben so wie auch der Tod Jesu sind Grenzerfahrungen. Jeder Tod trägt diese Grenzerfahrung in sich, weil wir nicht weiter sehen können als bis zu dieser irdischen Grenze. Den Horizont des neuen Lebens können wir nur glauben, aber nicht sehen. Solche Grenzerfahrungen wollen ernst genommen werden. Vielleicht verbirgt sich hinter jeder ernstgemeinten Warum-Frage eine solche Grenzerfahrung: Warum Krebs? Warum Ich? Oder: Warum mein Kind, das sterben musste? Warum musste mir das passieren? Immer wieder habe ich mich bemüht, und jetzt?

Ein zweites Mal schreit Jesus. Dann verstirbt er. In diesem letzten Schrei liegt alles. Wirklich alles: ein letztes Aufbäumen gegen den Schmerz, gegen das Leiden, gegen die erlittene Folter. In diesem letzten Schrei liegt alles: Das war’s. Aus. Zu Ende. Vorbei.

Gott am Kreuz. Gott tot.

So hätten es die Spötter gerne gesehen. Doch in diesem letzten Schrei liegt alles: denn dieser letzte Schrei Jesu ist zugleich auch der erste Schrei des neuen Lebens. Der Todesschrei wird zum Geburtsschrei. Der, der von sich gesagt hat: „Ich bin die Auferstehung und das Leben!“ (Joh. 11,25) Der, der das Leben selbst ist, der ist durch den Tod nicht tot zu kriegen. Amen.

Lied: „Korn das in die Erde“ (EG 98)

Fürbitten - Vaterunser - Segen

Du hast die Arme ausgebreitet.
Am Kreuz umfasst du die Welt mit ihrer Grösse und Erbärmlichkeit,
die Menschen in ihrem Vermögen und in ihrem Versagen.
Du umfasst all den Hass, die Verzweiflung,
die Ansammlung von Leid und Bosheit.
Erinnere uns daran, wenn wir nicht mit dem Schweren zurechtkommen,
wenn wir es ausblenden, dass deine Arme ausgebreitet sind.
Erinnere uns daran, wenn wir dein Kreuz sehen.
Du umfasst die Welt mit deiner Liebe.
Gib uns die Stärke, selbst die Arme auszubreiten
statt sie zu verschränken,
damit sich bei uns bergen kann, wer bedrängt ist,
ausruhen kann, wer erschöpft ist,
Freundschaft findet, wer fremd ist.
Du hast am Kreuz deine Arme ausgebreitet, ewiger Gott.
Umschliesse alle und alles mit deiner Liebe.

Unser - Vater / Segen

Musik zu Ende des Gottesdienstes

VOM DUFT DER AUFERSTEHUNG

Predigt zum Ostersonntag

(12. April 2010)

Liebe Gemeinde!

Zu Ostern darf gelacht werden. Von Herzen und aus tiefster Seele. Zu Ostern darf gelacht werden, weil wir wissen dürfen, dass der Tod nicht das letzte Wort über uns behält. Wir dürfen wissen, dass auf uns ein Leben nach dem Tod wartet und darum dürfen wir uns von Herzen freuen und von Herzen lachen. Nur eines sollten wir in dieser österlichen Zeit nicht tun: nämlich uns lächerlich machen. Dafür steht für uns als Christen viel zu viel auf dem Spiel, denn alleine wir glauben und bekennen diese Auferstehung von den Toten.

Das Bekenntnis der Auferstehung ist das Grundbekenntnis unseres Glaubens: der Tod ist besiegt. Darum dürfen wir von Herzen lachen. Nur lächerlich machen sollten wir uns nicht.

Ich weiss nicht, wer von uns es in dieser Woche gelesen hat. Eine der Herforder Zeitungen druckte eine ganze Doppelseite zum Thema „Gebete und Gebote. Eine kleine Sammlung der wichtigsten Überzeugungen der christlichen Religion." Der Untertitel des Artikels lautete „Beim Gang in die Kirche lassen wir uns von Gott beschenken." Zunächst einmal werden wir unumwunden zugeben müssen, dass eine Tageszeitung, die einer solchen Fragestellung eine Doppelseite widmet, unsere Hochachtung verdient. Das ist weder populär noch zeitgemäss. Und ich kann mir durchaus vorstellen, dass es den Einen oder die Andere auch gestört oder gar geärgert hat. Eine ganze Seite mit Kirche - dafür zahle ich kein Geld, mag der eine oder andere gedacht haben. Dass eine Zeitung derartiges tut, ist die gute Nachricht zu Ostern. Nicht nur solche Artikel mögen uns stören, sondern Ostern stört und durchkreuzt auch unser Leben. Und wenn ein solcher Artikel dann auch noch endet mit den Worten: „Nicht wir leisten Gott einen Dienst, wenn wir in die Kirche gehen, sondern es sei umgekehrt - der Kirchgänger lasse sich von Gott beschenken. In der Kirche empfangen wir Ruhe, Orientierung und Hilfe fürs Leben. Kann es Schöneres geben?“, dann hätten wir als Kirche und als Christenmenschen eigentlich nur froh sein können und dürfen, wenn, ja wenn denn das Folgende nicht so von Fehlern gestrotzt hätte, so dass es geradezu peinlich war und am folgenden Tag eine mehrspaltige Korrektur erscheinen musste.

Etwa, dass es nicht ein katholisches und ein evangelisches Vaterunser gibt, sondern nur eines und das stammt von Jesus. So gibt es auch nur ein Glaubensbekenntnis und nicht etwa ein katholisches und ein evangelisches. Im Glaubensbekenntnis unterscheiden wir uns allerhöchstens im so genannten dritten Artikel, in dem unsere katholischen Schwestern und Brüder bekennen: „die heilige katholische Kirche“, die evangelisch lutherischen Christen: „die heilige christliche Kirche“ und wir als Reformierte Mitbewerber auf das Reich Gottes bekennen: „die heilige allgemeine christliche Kirche“. Doch was dann leider überhaupt nicht mehr richtig war, war die Behauptung, dass Teile dieses Glaubensbekenntnis von Jesus selbst in der Bergpredigt formuliert worden sind und es somit das älteste Gebet der Christenheit überhaupt sei - als hätte Jesus formuliert: „Ich glaube an Jesus Christus ... auferstanden von den Toten“. Das, liebe Gemeinde, geht nicht. So etwas darf einer Zeitung nicht passieren - bei allem guten Willen. Dafür haben die Kirchen mittlerweile Pressesprecher und Öffentlichkeitsreferenten.

Zu Ostern, liebe Gemeinde, darf gelacht werden. Der Grund unseres Lachens liegt jedoch weniger in solchen Zeitungsartikeln als vielmehr in dem, was da am Ostertag geschehen ist: Auferstehung, neues Leben, Jesus lebt, das geöffnete Grab, der Mann im weissen Gewand, kein Gestank des Todes, sondern vielmehr der Duft der Auferstehung.

Wir haben die Überlieferung von der Auferstehung Jesu vorhin als Lesung für den heutigen Ostertag gehört. „Und darum," so schreibt Johannes Calvin zum Bericht der Auferstehung, und es lohnt sich ja immer, einen Blick in seine Schriften zu werfen „weil er der Verwesung entnommen wurde, sind auch wir heute der Auferstehungsherrlichkeit sicher und gewiss, weil sie an ihm schon erschienen ist. So sehen wir also den Wohlgeruch von Grab und Auferstehung unsers Herrn Jesus Christ bis zu uns Heutigen dringen, so dass wir von ihm belebt werden. Was folgt daraus? Das, dass wir ihn also nicht mehr wie diese Frauen im Grabe suchen sollen; ihre Schwachheit und Unwissenheit sollte uns genützt haben. Vielmehr sollen wir nach oben streben, wozu er uns ja selber aufgerufen und geladen hat; er hat uns ja den Weg dahin gezeigt und gesagt, dass er dazu vom himmlischen Königreich Besitz ergriffen habe, um uns dort Raum und Heimstatt zu bereiten, wenn wir ihn im Glauben dort suchen."

Die Auferstehung öffnet uns den Himmel und lässt uns den Gestank des Todes vergessen und den Duft der Auferstehung riechen. Ich möchte am heutigen Vormittag diesen Gedanken mit Ihnen aufnehmen und ihn durchdenken. Vielleicht vergeht uns an der einen oder anderen Stelle das Lachen. Vielleicht gehen wir aber auch geistlich gut gestärkt mit einem Lachen in den Ostertag. Wir werden sehen.

Der Gedanke für den heutigen Vormittag lautet: „Das Geheimnis des Lebens ist die Überwindung des Todes". Oder anders gesagt: „Das Geheimnis von Ostern ist der Tod des Todes". Was bedeutet das? Was heisst das für uns und unser Leben? Für unseren Glauben? Für unser Leben in den Familien oder in den anderen sozialen Kontexten, in denen wir leben? Für unser Leben hier in der Stadt Herford und in diesem Land?

In unserem Alltag begegnen wir so vielem Sterben und so vielen Toden. Eine Schreckensmeldung jagt die nächste in den Nachrichten. Im

Grunde ereignet sich jeden Tag an irgendeinem Ort ein Karfreitag. Wenn wir allein an die letzte Woche denken, dann war da das Erdbeben in L'Auqila mit über 270 Todesopfern und einem Regierungschef, der angesichts dieses Dramas zu einem Campingurlaub einlud. Da war der Vater, der versuchte seine drei Kinder mit dem Hammer zu erschlagen. Da gab es die tödliche Schiesserei in Landshut aufgrund von Erbstreitigkeiten. Da gab es so viele andere Karfreitags-Erlebnisse.

Wir brauchen Ostern. Wir müssen aufstehen können in unserem Leben gegen diese Maschinerie des Todes. Wenn das Geheimnis von Ostern des Todes Tod ist, dann ist es das Geheimnis das Leben. Und das Geheimnis des Lebens ist die Überwindung des Todes. Wie wahr! Wir brauchen Ostererfahrungen in unserem Leben. Wir brauchen Lebenserfahrungen. Wer mich etwas näher kennt, der weiss, dass ich ganz gerne mal die „Toten Hosen" höre. Dessen Kopf, Andreas Frege, wurde am 22. Juni 1962 als Sohn eines Richters und einer Lehrerin in Düsseldorf geboren. Aufgewachsen in der bürgerlichen Mittelschicht, kam er früh mit der Punk-Musik in Kontakt. Viele seiner Lieder haben sozialkritische und eben auch religiöse Hintergründe. „Nur zu Besuch" ist so ein Lied, wo er den Gang auf dem Friedhof zum Grab seiner Mutter beschreibt und damit Trauerarbeit leistet und auch über den irdischen Horizont hinausblickt. Er singt:

Und so red ich mit dir wie immer und ich verspreche dir,
wir haben irgendwann wieder jede Menge Zeit.
Dann werden wir uns wiedersehen,
du kannst dich ja kümmern, wenn du willst,
dass die Sonne an diesem Tag auch auf mein Grab scheint -
dass die Sonne scheint, dass sie wieder scheint.

Auf der zuletzt erschienenen CD beschreibt er sein Ostererlebnis, eine Lebenserfahrung, eine Erfahrung von Leben, die ihm im Gespräch über die Bibel geschenkt wurde. Was für eine Erfahrung! Was für ein Ostererlebnis!

Hört her, verdammt nochmal | Innen ist alles neu | Und ich fühl mich wunderbar | Denn innen ist alles neu | Auch wenn keiner das verstehen will | Innen ist alles neu | Ihr solltet mal bei mir rein sehn | Denn innen ist alles neu | Und ich bin ok, | ja ich bin ok | Seitdem ich neuerdings zur Bibelstunde geh | Ich bin ok | Ich bin ganz in meiner Mitte.

Das Geheimnis des Lebens ist die Überwindung des Todes. Oder anders gesagt: Das Geheimnis von Ostern ist der Tod des Todes. Das gilt für unser persönliches Leben. Überall dort, wo wir dem Tod begegnen, haben wir gegen ihn aufzustehen. Können aufstehen gegen den Tod und uns stark machen für das Leben. Können den Gestank des Todes lassen und den Duft der Auferstehung einatmen. Wenn wir solch eine Erfahrung in unsere familiären oder freundschaftlichen Bindungen und Beziehungen mit hineinnehmen, dann hat das Auswirkungen. Neu aufatmen in unseren Beziehungen. Den Streit begraben, aber nicht den Menschen. Unseren eigenen Missmut unter die Erde graben und neu leben als ein Kind des Lichts. Österlich leben. Im Aufbruch sein. Aufbrechen zu neuem Leben.

Es ist in diesen Tagen zutiefst deutlich, erlebbar und spürbar: die Natur erlebt und erfährt zur Zeit ihre „Auferstehung". Das erste junge Grün an den Bäumen, die Büsche treiben Blüten und Blätter, die Tulpen erstrahlen jeden Morgen neu in wunderschönster Pracht. Nehmen wir solche Aufbrüche mit hinein in unser Leben. Nehmen wir sie auch für unser Leben wahr und ernst. Ostern sagt: „Du darfst leben." Ostern sagt: „Du darfst und kannst den Gestank des Todes aus deinem Keller lassen und den Duft der Auferstehung einatmen. Du darfst und du kannst

Freundlichkeit und Liebe leben, darfst Frieden Gottes Segen weitergeben."

Das, liebe Gemeinde, was für unser eigenes Leben gilt, gilt für alle anderen Bereiche des menschlichen Lebens. Das Geheimnis des Lebens ist die Überwindung des Todes, wir können auch sagen: Der Aufstand gegen den Tod und gegen die todbringenden Mächte und Gewalten. Es ist ein Aufstehen gegen all das, was dem Leben schadet. Ich wünsche uns ein solches Aufstehen. Ich wünsche uns ein solch persönliches Osterfest, wobei wir neu zum Blühen kommen, weil wir den Gestank des Todes aus unserem Leben hinaus gelassen und den Duft der Auferstehung eingeatmet haben. Ich wünsche uns ein solches Osterfest, in dem wir den todbringenden Mächten das Leben entgegensetzen können. „Der Herr ist auferstanden. Er ist wahrhaftig auferstanden!" Das ist die Osterbotschaft, die dem Tod den Tod ansagt, auch wenn wir es manchmal nicht glauben wollen, wie es die folgende Begebenheit berichtet:

„Markus und Peter haben Nüsse geklaut. Um nicht entdeckt zu werden, schleichen sie in die gerade offen stehende Leichenhalle, um sie zu teilen. Vor der Tür verlieren sie noch zwei ihrer Nüsse. In der Halle dann: "Eine für Dich, eine für mich; eine für Dich, eine für mich", murmeln sie. Der Küster kommt vorbei und hört den Sermon. Ihm sträuben sich die Haare. Er läuft zum Pfarrer: "Herr Pfarrer, in der Leichenhalle spukt es. Da handelt Gott mit dem Teufel die Seelen aus!" Der Pfarrer schüttelt nur den Kopf und geht mit dem Küster leise zur Leichenhalle. "Eine für Dich, eine für mich" – tönt es weiter von drinnen- „eine für Dich, eine für mich. So, das sind jetzt alle. Nun holen wir uns noch die beiden vor der Tür!"

Gesegnete Ostern. Amen.

Eines Christen Handwerk ist das Beten

Predigt am 29. Mai 2011

Liebe Gemeinde,
erlaubt mir, diese Predigt mit einem Fragebogen zu beginnen und niemand sollte Angst unter uns haben, sich zu offenbaren - sich zu outen, wie heute gesagt wird, denn es geht nicht darum, dass wir Gelegenheit finden, mit dem Finger auf den anderen zu zeigen, um deutlich zu machen: „Siehste, habe ich mir gedacht, das habe ich von dem oder von der auch nicht anders erwartet!", sondern es geht um unsere Ehrlichkeit. Es geht darum, dass wir nur dann einen Schritt weiter kommen, wenn wir ehrlich zu uns selbst sind. Kommen wir einen Schritt weiter. Also - ich frage mal einfach drauf los und entsprechend den Antworten wird die Hand gehoben.

Wer unter uns hat am heutigen Vormittag schon in der Bibel gelesen? Wer unter uns hat heute Morgen seinem Herrgott gedankt, dass er diese Nach behütet und vor schlimmen Schaden bewahrt worden ist? Wer unter uns wird, wenn er nach dem Gottesdienst zum wohl verdienten Mittag geht, seinem Herrn Jesus Dank sagen für die Gaben, die wir erhalten haben und ihn mit an den Tisch bitten? Wir erinnern uns: Komm, Herr Jesu, sei du unser Gast und segne uns und was du uns aus Gnaden bescheret hast. Wer unter uns wird am heutigen Abend den gelebten Tag in die Hände Gottes zurücklegen und ihm Dank sagen für all das, was wir erleben durften? Dank sagen für jede Begegnung, die unser Leben bereichert hat? Dank sagen auch für die schweren Momente, die unser Leben verwandeln?

Ich glaube, wir brauchen nicht viel grossartig weiterfragen. Doch warum diese Fragen? Es geht um nichts weniger als um das Erbe der Reformation, also um das Erbe dieser grossartigen Reformatoren wie

Bucer und Zwingli, wie Luther und Calvin. Sie haben der Menschheit, der Christenheit zweierlei geschenkt: zum einen die Bibelübersetzungen. Mit einem Mal gab es nicht mehr nur die Vulgata, d.h. den lateinischen Text der Bibel, sondern mit Petrus Valdes, dem Begründer der Waldenserkirche, beginnt eine Generation von Menschen heranzuwachsen, die die biblischen Texte in die Alltagssprache übersetzen, damit die Menschen diese Texte selber lesen können. Was dies für einen Gewinn bedeutet hat, mögen wir uns heute gar nicht mehr vorstellen können. Von jetzt auf gleich hatte die Kirche so etwas wie einen Bildungsauftrag. Die Geistlichen konnten nicht mehr das Blaue vom Himmel lügen, konnten nicht mehr unreflektiert predigen, sondern die Menschen lernten nachzulesen und selber nachzudenken darüber, was ein biblischer Text mit mir und mit meinem Glauben und vor allem mit Gott zu tun hat. Es wurden keine Bilder mehr in der Kirche gebraucht, die irgendwelche biblischen Geschichten nacherzählten. Nein, diese Bilder wurden überflüssig, weil jeder selbst zu einem Künstler wurde - zu einem Künstler der Auslegung der Heiligen Schrift. Und was sich daraus in der Folge entwickelte ist eigentlich unglaublich. Menschen kamen im Namen Gottes zusammen um in der Bibel zu lesen. In der Zeit der Industrialisierung, in der Zeit der so genannten „Inneren Mission“ erlebte diese Bewegung ihre Höhepunkte durch die Gründung einer Vielzahl von Hauskreisen. Wenn wir uns heute abgewöhnt haben in den biblischen Texten zu lesen, verspielen wir nicht nur dieses Geschenk, in der Bibel selbst lesen zu dürfen, sondern auch dieses reformatorische Erbe.

Ähnliches gilt es grundsätzlich zunächst vom Gebet zu sagen. Dies ist sozusagen ein zweites Geschenk der Reformatoren an uns. Dadurch, dass sie die Bibel höher geschätzt haben als die Traditionen der katholischen Kirche, konnten sie sich befreien aus den Zwängen der Tradition und konnten sich öffnen für das Gespräch mit Gott - ohne in festgefahrenen Formulierungen oder Anschauungen stecken zu bleiben. Die Reformation war eine Befreiung, ein Freiwerden von überkommenen und veralteten Wertevorstellungen und ein neues Eintauchen in den Glauben und in die Welt des Glaubens und damit auch ein ganz neues Wahrnehmen der Verantwortung für die Welt - im Namen Gottes. Wenn ich heute Gebete von Calvin oder Zwingli, von Melanchthon oder Luther lese, bin ich immer wieder überrascht, wie oft sie sich freigemacht haben von diesen theologischen Floskeln und diesem liturgischen Gehabe. Ja, wie sehr sie das Tagesgeschehen und damit das politische Geschehen einbinden und eingebunden haben in das Gebet. Sie haben intuitiv gewusst, was vier Jahrhunderte später Jochen Klepper mit den folgenden Worten gedichtet hat: „Die Hände, die zum Beten ruhn, die macht Gott stark zur Tat. Und was der Beter Hände tun, geschieht nach seinem Rat.“

Hiermit sind wir mitten in dem Thema des heutigen Tages: Die Hände, die zum Beten ruhn, die macht Gott stark zur Tat. Ja, das Gebet ist eine Kraftquelle für den Alltag. Und zumindest eine Urform des Gebets kennt wohl ein jeder und eine jede unter uns. Ich meine damit jene merkwürdigen Gebete oder gebetsähnlichen Äusserungen, die ein Mensch von sich gibt, wenn er in höchster Not ist. Not lehrt beten - so sagt es das Sprichwort. Davon wollen wir ausgehen, weil hier jeder und jede verstehen kann, wovon die Rede. In Situationen bedrängender Hilflosigkeit erfahren wir dies: Not lehrt beten. Und eben diese Erfahrung ist aufschlussreich. Der betende Mensch ist ein bittender, ein der Hilfe bedürftiger Mensch. Der Beter ist ein Bittsteller.

Um es anders zu sagen: Im Gebet spricht der Mensch aus, was er sonst nur zu gern verschweigt: nämlich dass er ein ausgesprochenes Mängelwesen ist und dass ihm auch die hemmungsloseste Selbstverwirklichung nicht vor Situationen bewahren kann, in denen er sich selber eingestehen muss, dass er nicht mehr ein noch aus weiss. In solchen Situationen kann der Mensch entweder verzweifelt verstummen oder aber mehr oder weniger laut zu schreien beginnen. Das Gebet ist ein solcher Schrei, ein solcher Notschrei des Menschen. Und das Wort, das ihm dann über die Lippen kommt, das Wort „Gott“ ist ein einziger Schrei nach Hilfe. Mir kommt eine Frau in den Sinn, die ich im Sterben begleitet habe. 36 Jahre jung mit einem Kind unter dem Herzen. Die Diagnose war niederschmetternd: Leberkrebs im Endstadium. Die Ärzte haben alles versucht, aber es war ein hoffnungsloser Kampf. Sie haben zuerst das noch Nicht-Geborene entfernen müssen. Und dann waren ihre Tage gezählt. Die einzigen Worte, die ihr über die Lippen kamen, war die stumme Frage oder der laute Aufschrei: „Mein Gott, warum?“

Wenn wir solche Situationen erlebt oder besser durchlebt haben, wenn wir diese oder ähnliche Erfahrungen kennen, dann dürfen wir uns in bester Gesellschaft wissen. Denken wir an das Gebet Jesu am Kreuz, als er Gott aus tiefster Not entgegenruft: „Mein Gott, mein Gott, warum hast du mich verlassen?“ (Mk. 15,34) Wir mögen aber auch an das leise Gebet im Garten Gethsemane denken, wo er kurz vor seiner Verhaftung seinen Vater bittet: „Vater, wenn es möglich ist, lass diesen Kelch an mir vorübergehen, doch nicht mein, sondern dein Wille geschehe!“ (Mt. 26,39)

Ein solches Beten, liebe Gemeinde, verschliesst nicht die Augen vor dem Leiden und vor der Wirklichkeit, sondern taucht das Leiden und damit die Wirklichkeit in ein neues und anderes Licht. Der, der so betet, befiehlt sich selbst in die Hände Gottes. Der, der so betet, weiss, dass er mit seiner kleinen Macht nichts auszurichten weiss, sondern dass er sein ganzes Leben dem Gott anbefiehlt, den wir als Christinnen und Christen unseren Vater nennen. Ja, wir dürfen Gott unseren Vater nennen, der uns Menschen liebt, wie einen seine Mutter liebt. Es ist das Vorrecht von uns Christenmenschen, Gott so nennen zu dürfen - in der Nachfolge Jesu Christi, der eben Gott „Abba“ gerufen hat, Vater eben oder liebevoller: Väterchen. Diese Kindschaft Gottes, in der wir stehen, ist uns nicht zu nehmen. Es ist, so hat es sinngemäss ein Theologe formuliert, das königliche Recht des Menschen, das ihm auch keine Schuld, keine Sünde nehmen kann, Gott anzurufen. Man kann dem Menschen viele rechte nehmen, er kann sich selber seiner Rechte berauben - doch das Recht, Gott als seinen Vater anzurufen, kann keinem Menschen genommen werden. Es ist und bleibt das ... königliche Recht des menschlichen Ich, zu Gott „Du" zu sagen und „Vater" und „Bitte"! Doch bitte nicht nur bitte. Denn der betende Mensch weiss auch, Dank zu sagen. Das Danken mag zwar dem Menschen unserer Tage noch schwerer fallen als die Bitte. Denn wir haben uns in unserer Anspruchsgesellschaft längst daran gewöhnt, Forderungen und immer noch mehr Forderungen geltend zu machen und ihre Erfüllung als eigentlich selbstverständlich hinzunehmen: man hat doch schliesslich einen Anspruch darauf.

Bei einer solchen Einstellung wird die Bitte um das tägliche Brot und erst recht der Dank dafür wohl für überflüssig gehalten. Doch wir mögen uns nicht irren. Wer das Danken verlernt, betrügt sich selbst. Dieser Mensch wird in dem Masse, in dem er undankbar wird, auch die Wahrnehmungskraft für all das verlieren, was das Leben lebenswert macht. Wer zu danken verlernt, wird je länger je mehr ein mit seiner Welt und mit sich selbst unzufriedener Mensch. Er wird ebenso unfroh wie undankbar sein.

Mit der Fähigkeit, dankend zu empfangen - und zwar nicht nur dies und das, sondern alle Morgen neu auch sich selber dankbar zu empfangen -, mit der Fähigkeit zur Dankbarkeit gewinnt der Mensch eine entscheidende Dimension seiner Menschlichkeit. Das gilt für das Verhältnis von Mensch zu Mensch, das ohne Dankbarkeit verkümmern würde. Und dies gilt erst recht für das Verhältnis des Menschen zu Gott. Und diese Dankbarkeit lehrt uns, unseren Blick auf die anderen Menschen zu werfen. Auf die, die weniger oder keinen Grund zum Dank haben. In dieser Hinsicht sind die Gebete der zum Gottesdienst versammelten Gemeinde, also unsere Gebete, von ganz besonderer Bedeutung. In ihnen wendet sich der Dank an Gott zur öffentlichen Fürbitte.

Diese Fürbitte gilt in besonderer Weise den Menschen, die um Christi willen verfolgt, unterdrückt und gefangen gehalten werden. Zugleich ist es unsere besondere Pflicht, auch die bei der Fürbitte nicht aus dem Blick zu verlieren und in unseren Gebeten mit zu bedenken, die zur weltweiten Familie der Menschheit gehören - eben auch die, die anderen Religionen und Kulturen angehören, denen, die uns freundlich gewogen sind, aber auch denen, die keine Sympathie für uns hegen. Denn im Gegensatz zu anderen Religionen und Kulturen hat Jesus uns aufgetragen, auch denen freundlich zu begegnen und zu lieben, die gegen uns sind. Sie gilt es sogar dann in das Gebet mit einzuschliessen, wenn sie uns feindlich gesonnen sind. Und hier zeigt sich dann, dass das Gebet keineswegs nur den ewigen Gütern, sondern den konkreten Situationen im irdischen Leben gilt. Beten heisst: innehalten. Beten heisst: die Dinge beim Namen nennen und dann mündet Beten ein in ein tätiges Tun. Die Hände, die zum Beten ruhn, die macht er stark zur Tat. Oder so, wie es Zwingli einst formulierte: „Betet und tut um Gottes willen etwas Tapferes.“ Wer betet, wird Gott finden. Wer betet, wird sich von Gott die Augen dafür öffnen lassen, was er in der Welt zu tun hat. Wie hatte es Martin Luther gesagt: „Wie ein Schuster einen Schuh machet und ein Schneider einen Rock, also soll ein Christ beten. Eines Christen Handwerk ist das Beten.“ Dieses Handwerk hat goldenen Boden. Amen.

Vom Licht und vom Salz

Predigt am 06. Juni 2010

Liebe Gemeinde!

Es gibt biblische Worte oder gar ganze Textabschnitte aus der Bibel, die können einem das ganze Leben lang verschlossen bleiben. Immer wieder mögen wir ein solches Wort aufgreifen, über ein solches Wort nachdenken, es immer wieder neu hören und versuchen, es in uns aufzunehmen und bekommen doch keinen Zugang zu diesem Wort. Es bleibt uns rätselhaft.

Andere Worte hingegen sind so klar und eindeutig, dass sie an Deutlichkeit nichts zu wünschen übrig lassen und in ihrem Wahrheitsgehalt sogar erschrecken können. Ich denke etwa an ein Wort Jesu, dass nicht nur in diese Sommerzeit passt, sondern auch in Strandnähe gesagt sein könnte. Wenngleich es ohne Zweifel das ganze Jahr, das ganze Leben über Gültigkeit hat. Es ist ein Wort an die Männer, die angesichts sommerlicher Temperaturen und luftiger Kleidung auch mal gerne die Blicke und Phantasien ein wenig schweifen lassen. Es ist heute sicherlich in gleicher Weise auch ein Wort an die Frauen, denen es nicht anders ergeht als uns Männern. Denen sagt Jesus: „Ihr habt gehört, dass gesagt worden ist: Du sollst nicht die Ehe brechen. Ich aber sage euch: Wer eine Frau auch nur lüstern ansieht, hat in seinem Herzen schon Ehebruch mit ihr begangen. Wenn dich dein rechtes Auge zum Bösen verführt, dann reiss es aus und wirf es weg! Denn es ist besser für dich, dass eines deiner Glieder verloren geht, als dass dein ganzer Leib in die Hölle geworfen wird. Und wenn dich deine rechte Hand zum Bösen verführt, dann hau sie ab und wirf sie weg! Denn es ist besser für dich, dass eines deiner Glieder verloren geht, als dass dein ganzer Leib in die Hölle kommt.“ (Mt. 5, 27-30) Dieses Wort, liebe Gemeinde, lässt keine Fragen offen und in seiner Deutlichkeit spricht es für sich. Und wir können es drehen und wenden wie wir wollen: die Begehren, die Lüsternheit hat schon so manche Ehe ruiniert. Und das Fremdgehen fängt mit den Blicken an.

Es gibt biblische Worte, die an uns Menschen gerichtet sind und die unser wunderbares Dasein als Christen in dieser Welt beschreiben. Sie beschreiben den Auftrag und die Aufgabe, die wir als Christinnen und Christen haben. Worte, die fragen: Was zeichnet dich aus als Christ? Wie möchte Gott dich sehen? Welche Erwartungen hat Jesus an dich als Christin und als Christ? Wie sieht ein Christenleben aus? Biblische Worte, die den Ernst und die Freude, die Schwere und die Verantwortung der gelebten Nachfolge beschreiben.

Christ - und dies sei vorausgeschickt - sind wir nie nur für uns selbst, sondern mit unserem Bekenntnis zu Gott, mit unserem Bekenntnis zu Christus geht ja biblisch die Frage nach unserer Umkehr einher. Die Frage nach der neuen Ausrichtung unseres Lebens zu Gott hin. Es geht einher mit der Absage an den alten Adam, den es - wie Martin Luther einmal formuliert hat - immer wieder zu ertränken gilt und der dennoch schwimmen kann und mit der Aufnahme des neuen Menschen, der neuen Kreatur in Christus Jesus. Der Mensch, der glaubt, ist diese neue Kreatur, die sich ausrichtet auf ein Leben in Gerechtigkeit und Frieden. Es geht einher mit dem Wunsch, hier auf Erden Spuren des Reiches Gottes zu sehen und zu leben. Das Reich Gottes, das angebrochen ist mitten unter uns, mitzugestalten und mit zu verwirklichen. Christ sind wir nie nur für uns selbst, mit dem gelebten Glauben verbunden sich immer auch eine Sendung mitten in die Welt hinein.

Ein solches Wort ist der heutige Predigttext, der aus dem Matthäus-Evangelium entnommen ist. Genauer gesagt aus der Bergpredigt, wie sie uns der Evangelist Matthäus überliefert. Neben vielen Einzelworten kennen wir im Wesentlichen drei grosse Reden oder Predigten von Jesus. In allen drei Reden oder Predigten geht es um die Lebendigkeit des Glaubens. Da ist zum einen die Rede über das Jüngste Gericht, wo Jesus selbst die Schafe von den Böcken trennen wird, wo wir Menschen gefragt werden nach dem gelebten Glauben, nach praktizierter Nächstenliebe als Ausdruck unseres Glaubens. Zum anderen kennen wir die so genannte Gleichnisrede, in denen Jesus das Reich Gottes, das Himmelreich in Form von Bildworten uns Menschen nahe bringen will. Und es gibt als dritte grosse Rede oder Predigt die so genannte Bergpredigt. Aus dieser Bergpredigt stammt das zuvor gehörte Wort über die Lüsternheit der Menschen. Eine der so genannten Antithesen, mit denen Jesus auf eine konsequente Lebensführung im Sinne und nach dem Willen Gottes hinweist. Da finden wir solche Worte wie: „Ihr habt gehört, dass gesagt worden ist: Auge für Auge und Zahn für Zahn. Ich aber sage euch: Leistet dem, der euch etwas Böses antut, keinen Widerstand, sondern wenn dich einer auf die rechte Wange schlägt, dann halt ihm auch die andere hin." (Mt. 5, 38-39) Oder auch: „Ihr habt gehört, dass gesagt worden ist: Du sollst deinen Nächsten lieben und deinen Feind hassen. Ich aber sage euch: Liebt eure Feinde und betet für die, die euch verfolgen, damit ihr Kinder eures Vaters im Himmel werdet; denn er lässt seine Sonne aufgehen über Bösen und Guten, und er lässt regnen über Gerechte und Ungerechte." (Mt. 5,43-45)

Eröffnet wird diese Bergpredigt durch die Seligpreisungen, die wohl schönsten Zusagen an uns Menschen, wenn uns Jesus verspricht: „Selig die Trauernden; denn sie werden getröstet werden." Oder: „Selig, die hungern und dürsten nach der Gerechtigkeit; denn sie werden satt werden." Oder auch: „Selig, die ein reines Herz haben; denn sie werden Gott schauen." (Mt. 5,3-10) Unmittelbar nach diesen Seligpreisungen folgt das Wort, das uns durch den heutigen Vormittag führen will und das doch zugleich auch den Auftrag und die Aufgabe beschreibt, die wir als Christenheit haben und der wir uns immer und immer wieder von neuem zu stellen haben. Es sind die Worte Jesu vom Salz der Erde und vom Licht der Welt (Mt. 5,13-16). Jesus traut uns zu:

„Ihr seid das Salz der Erde. Wenn das Salz seinen Geschmack verliert, womit kann man es wieder salzig machen? Es taugt zu nichts mehr; es wird weggeworfen und von den Leuten zertreten. Ihr seid das Licht der Welt. Eine Stadt, die auf einem Berg liegt, kann nicht verborgen bleiben. Man zündet auch nicht ein Licht an und stülpt ein Gefäss darüber, sondern man stellt es auf den Leuchter; dann leuchtet es allen im Haus. So soll euer Licht vor den Menschen leuchten, damit sie eure guten Werke sehen und euren Vater im Himmel preisen."

Sehr bewusst nimmt Jesus das Bild vom Salz und vom Licht auf. Denn sowohl das Salz wie auch das Licht sind für das menschliche Leben von genauso grosser Bedeutung wie das Wasser. Wir alle wissen, dass wir ohne Wasser nicht leben können. In gleicher Weise gilt, dass wir auch ohne Salz nicht überleben können. Wir sind auf Salz angewiesen um zu leben, um leben zu können. Und niemand von uns vermag ohne Licht zu leben. Nicht umsonst ist das Licht das erste Schöpfungswerk Gottes. „Gott spricht: Es werde Licht! Und es wurde Licht!" (Gen. 1,3) Es wurde Licht, um Leben zu ermöglichen.

Werfen wir einen Blick auf die Bedeutung des Salzes. Im ursprünglichen Sinn ist mit Salz das ganzheitlich unveränderte und natürliche Salz gemeint, wie es sich auf der Erde seit Jahrmillionen kristallisiert hat. In dem Buch von Barbara Hendel und Peter Ferreira „Wasser und Salz. Urquell des Lebens" ist folgendes zu lesen: „Kristallsalz enthält sämtliche Mineralien und Spurenelemente, aus denen der menschliche Körper besteht. ... Salz ist die letzte Form von Materie, die übrig bleibt, wenn Materie aufgelöst und in eine fein stofflichere Art übergehen wird. Aus Wasser und Salz in Verbindung mit Licht können selbst Eiweissbausteine aufgebaut werden. ... Das Wort „Salz" leitet sich vom lateinischen Wort „Sal" ab, das wiederum von „Sol" stammt. Sol ist gleichbedeutend mit der „Sole", der Lösung aus Wasser und Salz. Andererseits ist „Sol" auch die Bezeichnung für die Sonne. Mythologisch und von seiner Bedeutung her bezeichnet die Sole „flüssiges Sonnenlicht" - flüssige Lichtenergie, gebunden in eine geometrische Struktur, die in der Lage ist, Leben zu schaffen und Leben zu erhalten.“

Liebe Gemeinde, ich war mir nicht bewusst, wie wichtig das Salz für den Aufbau der Organismen ist. Wie wichtig das Salz für das Leben ist. Für unser Leben. Natürlich wissen wir von den Mahlzeiten, dass es gesund ist, salzarm zu essen, doch salzloses Essen ist nicht wirklich schmackhaft. Also Salz und Licht, diese beiden Elemente schaffen und erhalten Leben. Beide sind lebensnotwendig. Wenn ich diese Erkenntnis auf uns als Christinnen und Christen übertrage, bedeutet es, dass wir als Christinnen und Christen dazu berufen sind, solch lebenschaffendes Salz und Licht zu sein. Wir als Christen sind für diese Welt lebensnotwendig. Die Welt braucht uns. Wir geben der Welt Würze und stellen die Welt ins rechte Licht. Ein grosser Auftrag. Ein gewaltiger Ruf: „Ihr seid das Salz der Erde! Ihr seid das Licht der Welt.“ Und dieses Salz und dieses Licht sind wir nicht unseretwegen, sondern wir sind es der anderen Menschen wegen, damit diese unsere guten Werke sehen und so den Weg zu Gott finden, um ihn zu preisen. Eine Fülle von Aufgaben und Erwartungen, die da an uns gestellt werden. Ohne uns geht das Leben in dieser Welt verloren.

Erst die Vorbereitung dieser Predigt hat mich gelehrt, wie elementar Salz und Licht für die Schöpfung sind, gerade auch miteinander: sie lassen Leben entstehen. „Es werde Licht. Und es ward Licht.“ Mit sol, der Sonne, beginnt sal, das Salz, durch Verdunstung aus dem Wasser seinen eigenen Kreislauf im Speichern und Freisetzen der ihm innewohnenden Energie. „Ihr seid das Salz der Erde! Ihr seid das Licht der Welt!“ Jesus spricht den Menschen, die um ihn sind oder die auf ihn hören, wie wir es heute tun, mit dieser Schöpferkraft eine so noch nie ausgesprochene Qualität zu. Wer auch immer den Ruf Gottes hört und sich diesem Gott verschreibt, wird für gut befunden, Salz und Licht für diese Welt zu sein.

Er kennt uns Menschen; er will, dass wir fröhlich und getrost leben; er will, dass wir Spuren hinterlassen, denn es gilt: „Ihr seid das Salz der Erde, ihr seid das Licht der Welt!“ Nicht die Anzahl zählt, sondern das Wirken. Es braucht nicht viel Salz, aber es darf nicht fehlen oder vergammeln. Und Licht zeigt sich von selbst leuchtend.

Noch einmal die Frage: Empfinden wir diesen Anspruch an sich als zu hoch? Ich empfinde diese Sätze, je länger je mehr, als beglückend. Wie einen Energiefluss, der mir Kraft zuströmen lässt. Ich spüre darin, wie Jesus mit den Augen Gottes seinen Zuhörenden vertraut. Wie er auf sie baut und ihnen zugleich das mitgibt, was sie brauchen. Ich spüre, welches Vertrauen er in mich setzt und wie er mich diesen grossen Zusammenhang von Salz und Licht, von Materie und Energie, vom Wert des Menschen in Gottes Schöpfung begreifen lassen will. Und es bedeutet vor allem eines: wir gehen weder ziel- noch orientierungslos durch unser Leben, sondern wir leben mit einer klaren Vorgabe. Uns wird ein Leben zugetraut, das ausgestattet ist mit der wunderbaren Aufgabe, andere Menschen in die Nähe Gottes zu bringen. Wo viele Menschen in ihrem Leben oft nur Dunkelheit sehen, dürfen wir ihnen Licht sein. Und wo Menschen der Appetit vergeht, weil sie nur Maggi kennen, dürfen wir ihnen Salz reichen, damit sie den Eigengeschmack des Lebens wieder schmecken können. Das Salz hat wie das Licht heilende Kraft inne. Heilsam dürfen wir in dieser Welt wirken.

Im Epheserbrief greift der Apostel Paulus dieses Thema auf und verheisst denen, die so leben: „Lebt als Kinder des Lichts! Das Licht bringt lauter Güte, Gerechtigkeit und Wahrheit hervor! ... Habt nichts gemein mit den Werken der Finsternis, die keine Frucht bringen.“ (Eph. 5,9f) Und sollte es dann doch so sein, dass auch wir finstere Momente in uns entdecken, weil Schweres auf uns lastet, weil wir mit Problemen nicht fertig werden, weil uns Erwerbslosigkeit oder Schuld drückt, dann mögen wir aufblicken zu dem, der auch uns immer wieder neu die Augen zu öffnen vermag und unser Leben wieder auf sich ausrichtet: auf Christus, der das wahre Licht der Welt ist. An ihm können wir uns immer wieder neu orientieren und uns immer wieder neu an ihm ausrichten. Er ist unser Orientierungspunkt, das Licht des Lebens. Und er stärkt uns, Salz dieser Erde und Licht für die Welt zu sein. In diesem Sinn: Gott befohlen. Amen.

Wahrheit ist, was mich betroffen macht

Predigt am 14. August 2011

Liebe Gemeinde,
Wahrheit ist, was mich betroffen macht! Es ist bestimmt 30 Jahre her, als ich in einer Predigt auf der Nordseeinsel Juist diesen Satz gehört habe: Wahrheit ist, was betroffen macht. Es gibt Worte, die bleiben im Gedächtnis, die begleiten uns unser Leben lang und dieses Wort gehört für mich dazu: Wahrheit ist, was mich betroffen macht. Wahr ist, was mich trifft. Was mich nachdenklich stimmt. Was zu Herzen geht. Was mich in meinem Innersten aufwühlt und mich nicht gleichgültig werden lässt, sondern mich zum Handeln reizt. Mir Motivation und Energie gibt.

Die Wahrheit trifft. Die Wahrheit beschönigt nichts. Die Wahrheit ist ehrlich und ohne Falsch. Schonungslos und offen. Darin sind sich die Liebe und die Wahrheit einig: auch eine wahre Liebe beschönigt nichts. Auch wahre Liebe trifft mich ins Herz oder es ist nichts als Spielerei.

Die Wahrheit kann auch weh tun - gerade weil sie uns nichts vorspielt, sondern ehrlich ist. Und darum tun wir Menschen uns manchmal schwer mit der Wahrheit, weil die Wahrheit eben auch immer oder zumindest oft unbequem ist. Am Krankenbett, wenn der Arzt uns die Diagnose mitteilen muss: Krebs im Endstadium, Hirntumor, Demenz oder was auch immer. Oder wenn uns der Ehemann sagt: Ich halte es nicht mehr aus mit dir. Ich verlasse dich. Oder wenn Kinder ihren Eltern sagen: Ihr wart immer eine Fessel für mich. Ich muss und will gehen.

Wahrheit ist, was mich betroffen macht und es darf nicht sein und darf nicht geschehen, was uns der Prophet Jesaja gesagt hat, dass die Wahrheit auf dem Marktplatz zu Fall kommt, weil alle die Wahrheit verdrehen, weil die Wahrheit unbequem ist oder weh tut. (Jes. 59,14)

Betroffen gemacht, tief getroffen haben mich in den letzten Wochen vor allem zwei Nachrichten: zum einen die Situation in Syrien und das blutige Einschreiten der syrischen Armee gegen die Demonstranten auf Befehl des Präsidenten Assad - ein Präsident, der sein eigenes Volk hinrichten lässt, weil es Menschenrechte wie Demokratie einklagt und weil er selbst Angst vor dem Verlust der Macht hat. Die Welt ist entsetzt und sieht zu. Präsident Assad lässt alle diplomatischen Bemühungen vor die Wand laufen. Nur langsam, viel zu langsam, werden Stimmen laut, die ein Ende dieser barbarischen Gewalt fordern. Es ist schon immer wieder neu spannend zu fragen, wo die europäischen Länder und Amerika machtvoll versuchen einzugreifen und wo nicht - ob es wohl an den eigenen wirtschaftlichen Interessen liegt, die gewahrt werden müssen?

Die andere Nachricht, die vielleicht noch mehr ins Herz sticht, ist die Hungerkatastrophe am Horn von Afrika. Während sich in Europa und Amerika die Menschen, und vor allem natürlich die Banken, Gedanken und Sorgen um ihre Aktienkurse und den freien Fall von Dollar und Euro machen, kämpfen dort die Menschen um das Überleben. 11,5 Millionen Menschen sind betroffen. Was für uns unvorstellbar ist: alle sechs Minuten stirbt dort im Moment ein Kind an Hunger oder Durst. In dieser Stunde, in der wir Gottesdienst feiern, werden dort zehn Kinder ihr Leben verloren haben. Und keine Mutter und kein Vater dort hat irgendetwas dagegen tun können, weil es nichts gibt. Weil nicht einmal eine Handvoll Mais oder Reis vorhanden ist. Armut kann man teilen, so sagt es ein afrikanisches Sprichwort, Armut kann man teilen, Reichtum nicht. Wohl war. Aber das Nichts in den Händen lässt sich eben nicht teilen und darum bleibt allein der Tod. Wahrheit ist, was betroffen macht. Wahr ist, was mich ins Herz trifft.

Und - und diesen Aspekt dürfen wir bei dieser Fragestellung nicht ausser Acht lassen - manchmal trifft mich die Wahrheit auch über mich selbst. Ich kann mir selbst zum grössten Feind werden. Eines dieser erschreckenden Beispiele ist sicherlich diese junge Frau, die versucht hat, ihre Eltern zu töten. Wir werden es in den Medien gelesen oder gehört haben. Ich will an dieser Stelle gar nicht nach Gründen fragen, sondern einfach nur für mich festhalten, dass wir als Menschen zu Bestien werden können. Es gibt menschliche Abgründe, in die hinein wir fallen können. Nicht ein einziger von uns wird sich davon freisprechen können. In uns Menschen angelegt ist die Möglichkeit, einander weh zu tun, einander zu verletzen, einander zu zerstören - in Gedanken, Worten und Werken, so sagten es die alten Kirchenväter.

„Was ist Wahrheit?" fragt der römische Statthalter Pilatus am Ende des Verhörs Jesus, bevor er ihn zur Kreuzigung entlässt, bevor er Jesus den Peinigern überlässt. Und er stellt diese Frage, nachdem Jesus ihm gesagt hat: „Ich bin dazu geboren und in die Welt gekommen, dass ich für die Wahrheit Zeugnis ablege. Jeder, der aus der Wahrheit ist, hört auf meine Stimme!“ (Joh. 18,37) Hören wir seine Wahrheit? Hören wir auf die Stimme Jesu in unserem Leben? Und wie oft hören wir weg? Hören wir das Werben Gottes um uns? Und wie oft nehmen wir es nicht wahr? Und spüren wir und leben wir die Kraft des Heiligen Geistes, dessen Wahrheit - wie es der Evangelist Johannes sagt - uns die Wahrheit über uns selbst eröffnet? Dessen Wahrheit uns frei machen will und wird von dem ständigen Kreisen um uns selbst!

Wahrheit ist, was betroffen macht. Mit Blick auf die eigene Person, mit Blick auf mich selbst und mein Leben hat der Apostel Paulus uns vielleicht die ehrlichste Antwort gegeben - und auch die, die uns zutiefst nachdenklich stimmen mag. Er hat diese innere Zerrissenheit, in der wir Menschen uns manchmal befinden, erfahren und durchlebt und beschreibt dieses Wechselbad der Gefühle in seinem Brief an die Gemeinde in Rom. Ein bewegendes Zeugnis. Ich lese uns Auszüge aus dem 7. Kapitel. Paulus schreibt: „Ich weiss wohl, dass in mir nichts Gutes wohnt.

Deshalb werde ich niemals das Gute tun können, so sehr ich mich auch darum bemühe. Ich will immer wieder Gutes tun und tue doch das Schlechte; ich verabscheue das Böse, aber ich tue es dennoch.... Ich mache immer wieder dieselbe Erfahrung: Das Gute will ich tun, aber ich tue das Böse. Ich wünsche mir nichts sehnlicher, als Gottes Gesetz zu erfüllen. Dennoch handle ich nach einem anderen Gesetz, das in mir wohnt. Dieses Gesetz kämpft gegen das, was ich innerlich als richtig erkannt habe, und macht mich zu seinem Gefangenen. Es ist das Gesetz der Sünde, das mein Handeln bestimmt. Ich unglückseliger Mensch! Wer wird mich jemals aus dieser Gefangenschaft befreien? Gott sei Dank! Durch unseren Herrn Jesus Christus bin ich bereits befreit."

Paulus hat mit sich selbst gerungen, vor allem aber mit Gott, bis er zu dieser Erkenntnis gekommen ist, zu dieser Gewissheit des Glaubens, dass dieser Glaube an Jesus Christus frei macht. Für ihn ist diese Befreiung aus den Zwängen, in denen wir uns ja auch so oft bewegen, ein Geschenk Gottes gewesen, das sein ganzes Leben von Grund auf den Kopf gestellt hat. Er ist sich gewiss geworden, dass ihn nichts mehr von der Liebe Gottes trennen kann - weder Bedrängnis oder Not oder Verfolgung, weder Hunger oder Kälte, Gefahr oder Schwert.

Gilt diese Wahrheit auch für die Menschen in Syrien und in Afrika? Und was können und dürfen wir diesen Menschen sagen, ohne dass es zynisch oder hoffnungsleer, vermessen oder arrogant, besserwisserisch oder wie auch immer klingt? Haben wir als Christen eine Antwort auf diese Wahrheit des Leidens? Oder können wir nur die Schulter hochziehen und sagen: So ist das eben?

Wenigstens zwei Antworten können wir geben und dies sollten wir laut und unmissverständlich tun: wir als Christenheit stehen in einer weltweiten Solidargemeinschaft und diese ruft uns in die Verantwortung, laut zu werden gegen jegliche Form von Unrecht und Unterdrückung. Sie stellt uns in eine Verantwortung des Teilens. Der Apostel Paulus sagt es sinngemäss so: Wenn jemand als Christ lebt, gibt es nicht mehr Schweizer oder Deutsche, Schwarze oder Weisse, Arbeitgeber oder Arbeitnehmer, sondern er, Christus, ist für euch dann alles. Und das heisst dann für uns mit den Worten eines Gebets aus dem 14. Jahrhundert: „Christus hat keine Hände, nur unsere Hände, um seine Arbeit heute zu tun. Er hat keine Füsse, nur unsere Füsse, um Menschen auf seinen Weg zu führen. Christus hat keine Lippen, nur unsere Lippen, um Menschen von ihm zu erzählen. Er hat keine Hilfe, nur unsere Hilfe, um Menschen an seine Seite zu bringen. Wir sind Gottes Botschaft, in Taten und Worten geschrieben."

Doch es gilt noch ein zweites. Und dieses Zweite ist eine Vision, die uns biblisch übermittelt wird von einem Leben in Frieden für alle Völker. Biblisch gesprochen ist eine Vision ein Ausblick. Es wird ein Bild gemalt, das auf die Verwirklichung wartet. Eine Vision ist kein Hirngespinst, sondern es wartet auf die Erfüllung. Wir als Christen dürfen diese Vision des Friedens nie aufgeben. Es gilt auf sie hinzuwirken mit all den Möglichkeiten, die uns gegeben sind. Es ist die Vision eines Friedens, den Gott dieser Welt schenken will. Wir finden diese Vision beim Propheten Jesaja: „Gott wird auf seinem Berg Zion für alle Völker ein Festmahl geben mit den feinsten Speisen, ein Gelage mit erlesenen Weinen. Er zerreisst auf diesem Berg die Hülle, die alle Nationen verhüllt, und die Decke, die alle Völker bedeckt. Er beseitigt den Tod für immer. Gott, der Herr, wischt die Tränen ab von jedem Gesicht. Auf der ganzen Erde nimmt er von seinem Volk die Schande hinweg. Ja, der Herr hat gesprochen. An jenem Tag wird man sagen: Seht, das ist unser Gott, auf ihn haben wir unsere Hoffnung gesetzt, er wird uns retten. Das ist der Herr, auf ihn setzen wir unsere Hoffnung. Wir wollen jubeln und uns freuen über seine rettende Tat." (Jes. 25, 6-9) Hoffentlich trifft uns auch diese Vision wie eine Wahrheit, die es zu verwirklichen gilt. Amen.

Alles hat seine Zeit und jede Erfahrung hat ihren Augenblick

Predigt am 25. September 2011

Liebe Gemeinde,
„Alles hat seine Zeit und jede Erfahrung hat ihren Augenblick." - so lesen wir es im 3. Kapitel des Predigers. Das Buch Kohelet, oder auch Prediger genannt, wurde um die Mitte des dritten Jahrhunderts vor Christus geschrieben. Über den Prediger an sich wissen wir nichts. Was wir wissen: Palästina gehörte damals zum Reich der Ptolemäer. Es war noch die Zeit vor den hellenistischen Religionsverfolgungen und vor der nationalen Erhebung der Makkabäer. Die gebildete Oberschicht von Judäa war wohlhabend und weltoffen. Man versuchte, die Traditionen Israels mit der weltbeherrschenden griechischen Bildung und Lebensform zu einer neuen Einheit zu verschmelzen.

Zunächst einmal scheint es ja auch so, als ob Kohelet uns einzig weltliche Weisheiten und allgemein gültige Wahrheiten mitteilt - ohne sie in einen tieferen religiösen Sinn zu stellen. Ohne einen Gottesbezug herzustellen. Ohne eine Brücke zu bauen zwischen dem Alltäglichen und dem Göttlichen, dem Zeitlichen und dem Ewigen. Ich lese uns den ersten Teil des Textes in der Übersetzung von Peter Spangenberg (In: *Alles hat seine Zeit. Aus der Weisheit der Bibel*):

> *„Alles hat seine Zeit, und jede Erfahrung hat ihren Augenblick. Kinder bekommen hat seine Stunde, und auch der Tod hat seine Zeit. Saat und Ernte haben ihren eigenen Tag. Die Augenblicke von Bedrohung und Angst gehören zum Leben. Heilen und Vergeben haben ihre Stunde. In Minuten stürzt vieles ein, Zeit braucht es, um aufzubauen. Kostbar ist die Stunde des Weinens; befreiend sind die Augenblicke des Lachens. Jede Umarmung hat ihre Zeit, aber*

auch die Erfahrung, einander fremd zu sein. Ich kenne Stunden des Suchens, ich kenne auch Stunden gähnender Leere. Schweigen hat seine Bedeutung, es sind Stunden der Stille. Reden hat seine Zeit. Liebe und Hass - beides sind Erfahrungen, die zum Leben gehören."

Bis hierher - so scheint es - spielt die Frage nach Gott keine Rolle. Bis hierher beschreibt Kohelet Lebensweisheiten, Gefühle und Befindlichkeiten, wie sie ein jeder Mensch nachvollziehen und erleben kann. Bis hierher spielt es keine Rolle, ob ein Mensch gläubig oder nicht gläubig ist. Die Frage der Religion, die Frage nach Gott kommen erst jetzt in den Blick, wo Menschen nach Sinn und nach dem Warum fragen:

„Ich frage nach Gott und kann den Sinn nicht erkennen. Überzeugt bin ich, dass seine ganze Schöpfung ein Netz von Wundern ist. Aber der Schöpfer hat das Leben entworfen mit Sinn und Hoffnung zu aller Zeit, und er hat uns Menschen die Ewigkeit ins Herz gepflanzt wie eine Blume. Eins können wir Menschen nicht: Gott ins Tagebuch sehen, um zu verstehen, was er vorhat seit Anfang der Zeiten bis zu ihrem Ende."

Zu Beginn des Gottesdienstes haben wir alle ein Stück Herbst in die Hand bekommen, gesammelt von den Konfirmandinnen und Konfirmanden. Dieses Herbstliche scheint die Wahrheit, die sich in den ersten Worten wiederspiegelt, zu unterstreichen: alles hat seine Zeit. Dieses Blatt zeigt uns trotz des Altweibersommers deutlich: der Sommer ist vorbei. Jetzt kommt der Herbst. In den Bergen hat es in dieser Woche schon einen Vorgeschmack auf den Winter gegeben, wenn dort Schnee gefallen ist. Es ist der Kreislauf des Lebens. Saat und Ernte haben ihre eigene Stunde.

Was für die Jahreszeiten gilt, gilt auch für meine, für unsere Lebenszeit. Unser Leben ist ein Werden und Vergehen. Und wenngleich es doch sehr pessimistisch klingt, so hat der Philosoph und Dichter Recht, wenn er sagt, dass wir von der ersten Sekunde des Lebens hier auf Erden dem Ende des Lebens, also dem Tod entgegengehen. Auch ich weiss für mein Leben, dass ich nicht mehr so viele Jahre erleben werde wie ich sie bis jetzt erlebt habe. Menschliche Zeit ist immer begrenzte Zeit. Ein Kommen und Gehen. Ja, Kinder bekommen hat seine Stunde und auch der Tod hat seine Zeit. Doch spätestens ab hier gilt es genau hinzuschauen und genau hinzuhören, mit welcher Intensität der Prediger das menschliche Wesen und unser Leben zu beschreiben vermag.

Kostbar, sagt er, ist die Stunde des Weinens und befreiend sind die Augenblicke des Lachens: mir kommen Erinnerungen und Lebensmomente in den Sinn, in denen ich geweint habe. Bei den Geburten unserer Kinder. Das waren kostbare Tränen. Tränen voller Freude und Dankbarkeit. Tränen tiefer Ehrfurcht dem Leben gegenüber. Tränen der Ehrfurcht Gott gegenüber, der uns diese Leben geschenkt hat. In gleicher Weise wertvoll sind die Tränen, die wir angesichts eines Verlustes eines lieben Menschen weinen. In jeder Träne stecken Erinnerungen an gemeinsam Erlebtes und gemeinsam Durchlebtes. Jede Träne ist ein Zeugnis für die Liebe, die wir diesem anderen Menschen gegenüber erwiesen haben und mit der wir diesen anderen geliebt haben.

Kennen wir Tränen der Ohnmacht? Solche Tränen der Ohnmacht, gepaart mit einem tiefen Unverständnis dafür, was Menschen einander antun können, habe ich in Berlin Hohenschönhausen vergossen, als wir dort das Stasi-Untersuchungsgefängnis der ehemaligen DDR besucht haben. Es ist unvorstellbar, was Menschen anderen Menschen an Schaden zufügen können. Oder als meine Frau und ich im KZ Buchenwald gewesen sind. Wie können sich Menschen derart Perverses ausdenken, um andere Menschen zu schikanieren, um sie fertig zu machen, um sie ihrer Würde zu berauben? Und wie viele Tränen der Ohnmacht werden noch in Libyen und im Jemen vergossen werden, wenn dort erst die ganzen Schrecken der Diktaturen offengelegt sind. Doch auch die an diesen Orten vergossenen Tränen sind kostbar, weil sie zum einen mahnen und mich gelehrt haben alles daran zu setzen, dass sich derartiges in meiner Gegenwart nicht wiederholen mag und dass ich mit allen mir zur Verfügung stehenden Mitteln gegen jede Form von Menschenverachtung anzugehen habe. Und zum anderen netzt jede an diesen Orten vergossene Träne den Boden, so dass Blumen wachsen können.

> *"Jede Umarmung hat ihre Zeit, aber auch die Erfahrung, einander fremd zu sein. Ich kenne Stunden des Suchens, ich kenne auch Stunden gähnender Leere."*

Einander umarmen, einander fremd sein: das kennt wohl ein jeder Mensch. Hier werden grundlegende Erfahrungen beschrieben. Wie schön ist es doch, einen geliebten Menschen zu umarmen! Und vielleicht erinnern wir uns: wie aufregend waren die Umarmungen des ersten Verliebtseins! Wie wohltuend ist eine Umarmung angesichts durchlebten Leids! Und wie gut tut es, einen Freund zu umarmen, den wir lange nicht gesehen haben! Wie wichtig ist es etwa für Ehepaare, dass wir uns die Körperlichkeit bis ins hohe Alter bewahren! Und die Umarmung während des letzten Abschieds bevor der Sargdeckel sich schliesst, die ein Dankeschön für so viel Erlebtes miteinschliesst.

Aber wir kennen auch das andere: das Fremdsein. Wenn sich Kinder von ihren Eltern entfremden oder die Eltern den Kindern fremd werden, weil Entscheidungen nicht zu verstehen sind. Einander fremd sein oder einander fremd bleiben gibt es auch, wenn ein anderer Mensch nicht zulässt, dass ich ihm nahe komme. Wenn er sich verweigert. Es gibt so viele Momente des Fremdseins. Stunden des Suchens und Stunden gähnender Leere: beides scheint ein Kennzeichen der heutigen Zeit zu sein -

so wie damals wohl auch schon Menschen auf der Suche waren. Diese vielen jungen und alten Menschen, die nach Lebenssinn suchen. Nach Lebensinhalten. Diese vielen Menschen, die sich nach etwas auf die Suche machen, das sie durch das Leben tragen kann und die in der Vielfalt der Antworten, die ihnen überall entgegen geschrien werden, ihre Antwort nicht hören. Was ich mir wünsche: Hoffentlich ist und wird unsere Kirchgemeinde immer mehr ein solcher Ort, wo Menschen für sich sagen können: Hier bin ich zuhause. Hier finde ich, was ich für mein Leben brauche. Meine Suche hat ein Ende.

Stunden gähnender Leere: das ist, wenn junge Menschen stundenlang vor dem Computer sitzen und sich am Ende des Tages fragen, wo der Tag geblieben ist. Das ist, wenn alte Menschen keine anderen sozialen Kontakte haben als allein das Radio oder das Fernsehen. Das ist, wenn ich wie neben mir sitze und mit mir nichts anzufangen weiss. Gähnende Leere ist verschleuderte und sinnlos verlebte Zeit. Doch es gibt manchmal durchaus Gründe für diese gähnende Leere: nach dem Tod des Partners etwa. Da können Menschen in ein solches Loch fallen. Dieses Loch, diese Leere habe ich so manches Mal in Deutschland bei Menschen erlebt, wenn ihnen die Arbeitsstelle gekündigt wurde. Oder wenn junge Menschen bis zu einhundert Bewerbungen geschrieben haben ohne eine Lehrstelle zu erhalten.

Doch unser Prediger, der Kohelet, bleibt nicht nur stehen bei einer Ist-Analyse des Menschen, bei den unterschiedlichsten Erfahrungen, die wir Menschen erleben und eben auch durchleben, sondern er stellt menschliche Erfahrungen und das Leben in der Zeit in einen grösseren Zusammenhang. Und obwohl ihm so viele Sinnzusammenhänge verschlossen bleiben, ist er zutiefst davon überzeugt, dass Gott allein alles Leben in seinen Händen hält. Er weiss, dass die Sinnfrage immer auch die Gottesfrage, die Frage nach Gott ist.

„Ich frage nach Gott und kann den Sinn nicht erkennen. Überzeugt bin ich, dass seine ganze Schöpfung ein Netz von Wundern ist. Aber der Schöpfer hat das Leben entworfen mit Sinn und Hoffnung zu aller Zeit, und er hat uns Menschen die Ewigkeit ins Herz gepflanzt wie eine Blume."

Wir wollen nur einen kleinen Moment hängen bleiben bei diesem letzten Bild: Gott hat uns Menschen die Ewigkeit ins Herz gepflanzt wie eine Blume. Woher bekommen wir Menschen Kraft? Woher Energie? Was schenkt uns Gewissheit und was lässt uns getrost leben? Was lässt uns getrost leben angesichts der vielen unterschiedlichen Erfahrungen, die wir Menschen machen? Auch vor dem Hintergrund dessen, was uns der Prediger als letztes mit auf den Weg gibt: nämlich:

„Eins können wir Menschen nicht: Gott ins Tagebuch sehen, um zu verstehen, was er vorhat seit Anfang der Zeiten bis zu ihrem Ende."

Liebe Gemeinde, wenn Gott uns die Ewigkeit ins Herz gepflanzt hat, dann dürfen wir in der Gewissheit leben, dass dieses irdische Leben, das ja immer durch Zerrissenheit und durch Spannungen bestimmt ist, dass dieses irdische Leben eines Tages ganz bei ihm aufgehoben sein wird. Eines Tages werden wir ganz bei Gott daheim sein. Aber das entbindet uns nicht von der Verantwortung für das Hier und Jetzt. Der Heidelberger Katechismus, der ja auch hier in Schaffhausen früher einmal eine grosse Rolle gespielt hat, formuliert es treffend mit den folgen Worten: „Jesus Christus macht mich durch seinen Heiligen Geist des ewigen Lebens gewiss und von Herzen willig und bereit, ihm forthin zu leben." Das heisst: die Ewigkeit ins Herz gepflanzt - des ewigen Lebens gewiss sein und von Herzen bereit, ihm zu leben. Amen.

Das neue Leben in Christus

Predigt am 16. Oktober 2011

Liebe Gemeinde!
„Das neue Leben in Christus" - das ist der Gedanke, der uns durch diesen Gottesdienst begleiten soll. Ein neues Leben. Manchmal träumen wir davon, noch einmal neu anfangen zu können. Viele Menschen sind gezwungen oder sagen wir besser: sind genötigt, neu anzufangen, ihr Leben neu zu ordnen - nach der Geburt eines Kindes etwa. So ein neugeborenes Kind stellt das alte Leben auf den Kopf. In einem ganz, ganz guten Sinn natürlich, aber mit einem Mal ist eben alles anders. Mit einem Mal trage ich Verantwortung für ein neugeborenes Leben. Und wir spüren die Angewiesenheit des Kindes. Es braucht uns. Andere Situationen, wo es neu anzufangen gilt, sind zum Beispiel eine Trennung oder auch der Verlust eines lieben Menschen. Es gilt, das Leben neu zu ordnen und es unter anderen Umständen neu in den Griff zu bekommen. Es gibt Hiobsbotschaften, die stellen unser bisheriges Leben in Frage, die nötigen uns zu Veränderungen.

„Neues Leben". Wenn wir einen Blick in die neutestamentlichen Schriften werfen, dann sehen wir, sie werden nicht müde, uns an dieses neue Leben in Christus zu erinnern und uns aufzufordern, dieses neue Leben anzunehmen. Es ist der Ruf Jesu zur Umkehr, zum Neuwerden, wie wir ihn etwa während der Taufhandlung gehört haben: „Wer sich Gottes Welt nicht schenken lässt wie ein Kind, wird niemals hineinkommen!" (Mk. 10, 15) Schon hier ahnen wir, dass eine solche Umkehr für uns Erwachsene gar nicht so einfach ist. Werden wir nochmals Kind?! Können wir uns wie ein Kind beschenken lassen? Im Herblinger Markt können wir zurzeit so manche Männer beobachten, die wie mit Kinderaugen die Modelleisenbahn bewundern, die dort aufgebaut ist, den Zügen hinterher schauen, die sich wie von selbst bewegen und ihren eigenen Gesetzen folgen, doch spätestens beim Verlassen des Marktes holt uns die Lebenswirklichkeit wieder ein. Sein wie ein Kind? Neu anfangen? In einer anderen Begegnung wiederholt Jesus den Menschen: „Wenn ihr nicht umkehrt und wie die Kinder werdet, könnt ihr nicht in das Himmelreich kommen.“ (Mt. 18,3) Oder vielleicht haben wir noch die Worte des Apostel Paulus in den Ohren: „In der Taufe habt ihr Christus angezogen. Durch eure Verbindung mit Jesus Christus seid ihr alle zu einem neuen Menschen geworden.“ (Gal. 3,27) Die Taufe: der Eintrittsschein, das Billet in ein neues Dasein? In eine neue Welt? In ein neues Leben? Und an einer anderer Stelle sagt er: „Ist jemand in Christus, dann ist er neue Schöpfung, eine neue Kreatur. Das Alte ist vergangen, Neues ist geworden.“ (2. Kor. 5,17) Oder: „Schafft den alten Sauerteig weg, damit ihr neuer Teig werdet!“ (1. Kor. 5,7)

Neues Leben: vielleicht haben wir zunächst einen Blick auf das alte Leben zu werfen, um verstehen zu können, wie das mit dem neuen Leben gemeint ist. Ein Blick auf das alte Leben mit Blick auf die Menschen von damals, die noch keine Christenmenschen waren, und mit Blick auf uns heute, die wir uns doch als Christen verstehen und oft genug stolz darauf sind, aus einer christlichen Tradition zu stammen; stolz darauf sind, dass unsere Kultur und unser Zusammenleben von christlichen Werten geprägt sind. Zumindest erheben wir oft genug den Anspruch.

Wenn wir - in aller Unvollständigkeit - einen Blick in die Lebenswirklichkeit der Menschen zu der Zeit Jesu werfen, dann hat die Menschen damals, mit Blick auf die Religion und das religiöse Leben, vor allem eines bestimmt: nämlich Angst. Angst vor den Gottheiten, die Gefallen daran fanden, die Menschen zu bestrafen. Angst vor den Göttern, die ihre Freude daran hatten, wenn Menschen Fehler gemacht haben, weil sie dann ihre Macht spielen lassen konnten. Und wenn Religion mit Angst einhergeht, wenn Religion gar Ängste schürt, dann wird Religion gefährlich. Dann ist es zum religiösen Fanatismus nicht mehr weit. Zur Zeit

Jesu war es die Aufgabe des Menschen - wie auch schon vorher und natürlich auch nachher -, den unterschiedlichen Gottheiten wohlgesonnen zu sein, denn alles andere zog Strafmassnahmen nach sich. Krankheiten, körperliche Gebrechen und Einschränkungen waren Ausdruck dafür, dass der Mensch selbst oder möglicherweise sogar seine Eltern oder Grosseltern sich etwas hatten zu Schulde kommen lassen. Das ist ja auch die Frage, die sich quer durch das Buch Hiob zieht. Hiob, dem alles genommen wird. Und die Frage seiner Freunde ist immer wieder: Irgendwo musst du schuldig geworden sein, weil Gott dir nicht mehr wohlgesonnen ist. Irgendwo hast du versagt, sonst würdest du weiterhin in Ruhe und Frieden leben können. Doch trotz all dem, was ihm zugefügt wird und was er erleidet, weiss er sein Leben in der Hand Gottes geborgen.

Solche Ängste vor Gottheiten oder vor Göttern, für die wir Menschen nichts anderes als ein Spielball ihrer Macht sind, kennen wir heute nicht mehr. Zumindest nicht bei uns. Das heisst aber noch lange nicht, dass wir völlig befreit aufleben oder gar leben. Das heisst nicht, dass wir uns nicht auch einbinden lassen in Strukturen, aus denen wir letztlich befreit und frei gemacht werden müssen.

Auch wir sind wie oft Gefangene. Dieses Gefangen-Sein zeigt sich heute weniger in Angststrukturen als vielmehr in den Krankheiten unserer Zeit. Noch nie haben so viele Menschen unter Depressionen gelitten wie heute. Burnout Syndrome und Tinitus beschäftigen eine Vielzahl von Ärzten, Psychologen, Psychotherapeuten und Lebensberatungen. Es ist wohl so: in früheren Zeiten haben die Götter den Menschen Angst gemacht. Heute sind es der Imageverlust, der Prestigeverlust, der Stress, die uns Menschen so sehr in die Bedrängnis bringen können, dass wir Sklaven unserer selbst werden, dass wir den Blick nicht mehr von uns weg bringen, sondern wir uns nur noch um uns selbst drehen. Wie oft wollen wir der Mittelpunkt allen Daseins sein und haben damit den Kopf und unsere Gedanken nicht mehr frei für anderes - geschweige denn für

Gott. Beobachten wir einmal die Menschen und vielleicht sogar uns selbst! Unser Lebensmotto heisst doch: Immer und überall erreichbar sein. Wenn wir irgendwohin essen gehen, kommt schon lange nicht mehr als erstes die Speisenkarte auf den Tisch, sondern das Handy, um zu demonstrieren: Nichts ist mir wichtiger als meine Erreichbarkeit. Das hat doch was Krankes. Oder nicht?

Es gibt Momente, da werden diese Strukturen in Frage gestellt: bei der Geburt eines Kindes etwa. Wenn wir ein Neugeborenes in Händen halten und uns der Wert des menschlichen Lebens damit zutiefst sichtbar vor Augen geführt wird. Oder die anderen zu Eingang genannten Beispiele wie der Verlust eines Menschen oder eben die Hiobsbotschaft. Solche Strukturen, die in der Lage sind einen Menschen unendlich zu binden, nennt die Bibel „Sünde". Das mag uns im ersten Moment verwundern, weil wir zunächst einmal immer an etwas Böses denken oder an ein schlimmes Vergehen Gott gegenüber oder an das Nichtbeachten der zehn Gebote. Natürlich gibt es ein sündiges Verhalten Gott und meinen Mitmenschen gegenüber.

Aber der biblische Sündenbegriff kennt eben auch diesen zweiten, diesen anderen Aspekt: Sünde als Leben in Strukturen, in denen der Mensch letztlich immer nur um sich selbst kreist. Aus diesen uns Menschen bedrohenden Strukturen befreit uns Christus - so sagt es der Apostel Paulus. Er geht dabei sogar so weit, dass er sagt: „Meine Lieben, zur Freiheit seid ihr berufen!" (Gal. 5,13) Gott ruft uns in diese Freiheit hinein. Wie damals, als er das Volk Israel aus der Sklaverei in Ägypten in das gelobte Land gerufen hat, so ruft Gott uns aus unserer eigenen Sklaverei heraus zu diesem neuen Leben, zu diesem neuen Leben in Christus. Und wenn der Apostel Paulus von Freiheit spricht, dann verbindet er diesen Begriff sofort mit zwei Aspekten: frei werden von ..., um frei zu sein für... . Frei werden von meinem Handy, wenn ich es nicht brauche, um frei zu sein für meinen Nächsten. Frei werden, sich frei machen vom Stress, um frei zu werden für das Leben. Wenn wir nach den Kennzeichen dieses neuen Lebens fragen, dann haben wir auch dieses schon als Lesung während der Taufhandlung im Gottesdienst gehört. Das Kennzeichen dieses neuen Lebens ist die Liebe. Wie hatte es Paulus gesagt: „Denn in der Taufe habt ihr Christus angezogen wie ein Gewand. Es hat darum auch nichts mehr zu sagen, ob ein Mensch Jude ist oder Nicht - Jude, ob im Sklavenstand oder frei, ob Mann oder Frau. Durch eure Verbindung mit Jesus Christus seid ihr alle zu einem neuen Menschen geworden ... Und in Jesus Christus kommt es darauf an, den Glauben zu haben, der in der Liebe wirksam ist." (Gal. 5,6)

Einen solchen Glauben wünsche ich uns allen. Einen Glauben, der wirksam in der Liebe ist. Keinen unnützen Glauben. Keinen unwirksamen Glauben, sondern einen überaus tätigen Glauben. Amen.

Selig sind die Protestierenden

Predigt zum Reformationstag (25.10.2009)

Liebe Gemeinde,
es ist im Grunde das spannendste kirchliche Fest, das es zu feiern gilt. An Weihnachten wissen wir, was passiert. An Karfreitag und Ostern auch. Und an Pfingsten hoffentlich auch. Aber dieser Feiertag ist immer wieder gut für Überraschungen. Es gab Zeiten, da war dieser Festtag ein geschützter kirchlicher Feiertag und wurde mit grossen Gottesdiensten gefeiert. Bedeutsame Predigten wurden gehalten, die heute noch nachzulesen sind und es wurde auf Ereignisse Bezug genommen, die diese Welt und das Leben in ihr verändert haben. Veränderungen, die im Sinne Jesu Christi dieser Welt ein anderes Gesicht gaben. Heute ist dieser Feiertag nur noch in wenigen Bundesländern ein geschützter Feiertag und diese Bundesländer, die diesem Feiertag noch offiziell Raum geben, liegen in der Regel eher im östlichen Teil der Bundesrepublik - also in dem Teil, in dem die Kirche an sich nur noch eine ganz geringe Rolle spielt, in den Bundesländern, in denen die Kirche fast bedeutungslos geworden ist. An diesen Gedanken müssen wir uns ja gewöhnen. Und wer hätte das gedacht, dass wir einmal als Kirche oder in einer Kirchengemeinde nachdenken über die Bedeutungslosigkeit der christlichen Kirchen und das Schwinden des christlichen Glaubens - im privaten wie im öffentlichen Leben.

Nun, der Buss- und Bettag, liebe Gemeinde, ist nicht gemeint und auch nicht der Geburtstag Martin Luthers oder der Johannes Calvins. Nein, diese Feiertage sind nicht gemeint, gemeint ist der 31. Oktober, der Reformationstag. Der Tag, an dem die evangelischen Kirchen darüber nachdenken, dass die Kirchen und die Kirchengemeinden immer wieder zu reformieren sind und dass dort, wo dies nicht geschieht, Protest erhoben wird. Nicht umsonst werden die Evangelischen die Protestanten genannt. Dies war und ist und wird es hoffentlich auch in Zukunft sein, die vornehme Pflicht des Protestantismus: die Stimme laut werden zu lassen gegen jede Form des Unrechts und der Ausbeutung, gegen jede Form des Missbrauchs der Kirche und der Missachtung der Schöpfung Gottes. Es ist das prophetische Amt der Kirche, das insbesondere in unserer reformierten Tradition eine überaus wichtige Rolle gespielt hat und immer noch spielt. Hoffentlich!

Die Reformation der Kirchen und der Kirche an sich ist ein ständig währender Prozess und ein immer währender Protest. Protest jetzt freilich nicht in dem allgemein üblichen Verständnis von: „Ich protestiere gegen …". Und in dieser Weise verwenden wir in der Regel ja dieses Wort: Wir protestieren gegen schlechte Arbeitsbedingungen, gegen schlechte Noten in der Schule! Wir protestieren für das Recht auf Arbeit und Erwerb und was auch immer! Nein, gemeint ist der wörtliche Sinn. Im Wort „Protest" stecken zwei lateinische Wörter: pro - testari, und das meint auf Deutsch: für jemanden Zeugnis ablegen, Zeuge für etwas, für jemanden sein. Sie merken, liebe Gemeinde, so gehört hat das Wort Protestant einen etwas anderen Klang: wenn wir protestieren, sind wir nicht gegen etwas, sondern legen Zeugnis ab für jemanden. Und vielleicht sind wir dann mit demjenigen gegen etwas: das ist gut möglich! Aber der Protest an sich hat von seiner ursprünglichen Bedeutung her gesehen eine überaus positive Bedeutung.

Natürlich hat der negative Klang seine historischen Wurzeln: Zu Protestanten wurden die Evangelischen durch ihre feierliche „Protestation" auf dem Reichstag zu Speyer 1529. Auf diesem Reichstag fand diese Protestaktion statt, in welcher die protestantischen Fürsten und Reichsstädte gegen die Verhängung der Reichsacht gegen Martin Luther protestierten - von dieser Aktion leitet sich der Begriff des „Protestantismus" ab. Doch nicht erst seit diesem Tag ist es die vornehme Pflicht von uns Christenmenschen zu protestieren, also Zeugnis für jemanden abzulegen.

Nun, unser Name verrät, für wen wir Zeugnis abzulegen haben: für Christus, den Sohn Gottes, so wie wir es vorhin bekannt haben. Im Glaubensbekenntnis von Nizäa-Konstantinopel aus dem Jahre 381 wurde dann weiter bekannt: „Gott von Gott, Licht vom Licht, wahrer Gott vom wahrem Gott, gezeugt, nicht geschaffen, ..., für uns Menschen und zu unserem Heil ist er vom Himmel gekommen." Diese Guttat Gottes gilt es zu bezeugen. Für uns Menschen und zu unserem Heil ist er vom Himmel gekommen. Zu unserem Heil ist er nicht nur vom Himmel gekommen, sondern er sagt uns auch dieses „Heil", diesen „Schalom" hier auf Erden zu. In einer der wohl schönsten Formen seiner Seligpreisungen, niedergeschrieben und festgehalten vom Evangelisten Matthäus im 5. Kapitel. Dort bilden sie den Auftakt zur so genannten Bergpredigt Jesu. Ich lese uns diese heilsamen Worte:

„Er sagte: Selig, die arm sind vor Gott; denn ihnen gehört das Himmelreich. Selig die Trauernden; denn sie werden getröstet werden. Selig, die keine Gewalt anwenden; denn sie werden das Land erben. Selig, die hungern und dürsten nach der Gerechtigkeit; denn sie werden satt werden. Selig die Barmherzigen; denn sie werden Erbarmen finden. Selig, die ein reines Herz haben; denn sie werden Gott schauen. Selig, die Frieden stiften; denn sie werden Kinder Gottes genannt werden. Selig, die um der Gerechtigkeit willen verfolgt werden; denn ihnen gehört das Himmelreich."

Liebe Gemeinde, mit dem Himmelreich beginnen und enden die Seligpreisungen und dazwischen ist nichts anderes als gute Nachricht. Selig sind die Menschen, die arm sind vor Gott. Ich weiss von Menschen, die arm und elend sind. Arm, weil sie kein oder zu wenig Geld haben. Und elendig sehen sie aus, weil ihnen die Zähne im Mund fehlen und sie keine dritten oder vierten Zähne bekommen, weil dies die Krankenkassen nicht zahlen. Ich weiss um Menschen, die sich arm und elend vorkommen. Nicht arm an Geld und Intelligenz, sondern arm an jenem Geist, der das Leben gelingen lässt. Ich weiss um Menschen, die fühlen sich manchmal so tot wie ein Lehmklumpen, so wie Adam damals, bevor Gott seinen Geist ihm einhauchte, jenen Geist, der erst Leben in das Leben bringt. Jenen Geist des Lebens, der Noah bewog diese Arche zu bauen, damit das Leben auf Erden lebenswert blieb. Ich weiss um Menschen unter uns, die sind traurig. Traurig aufgrund von Krisensituationen und Schicksalsschlägen. Fertig, weil ihnen das Leben übel mitspielt. Traurig, weil ihr Leben zu Ende geht und sie sich auf den Abschied aus diesem Leben hier auf Erden vorbereiten. Ich weiss um Menschen, die traurig sind, weil sie einsam sind. Weil der Tod ihnen einen Menschen genommen hat und sie diese Leere nicht füllen können. Ich weiss von Menschen, die sind chronisch traurig - und werden noch trauriger durch den Versuch, ihre Traurigkeit zu verbergen. Weil sie auch zu den Menschen gehören möchten - zu den vielen, die unbelastet dahinleben, bei denen die Bilanz von Lachen und Weinen, von guter und schlechter Stimmung ausgeglichen ist.

Ich weiss von Menschen, die die Sanftmut leben. Menschen, die wir einfach lieb haben müssen, weil sie geduldig etwa im Umgang mit kranken und pflegebedürftigen Menschen sind. Die auch bei schwierigen Pflegefällen die Nerven nicht verlieren. Menschen, die immer zuerst an andere denken. Doch allen wollen sie es recht machen und manchmal - wenn auch nur leise zu sich selbst - klagen sie innerlich: Wer nimmt denn auf mich Rücksicht? Wer denkt an mich? Warum scheint es so, dass sich immer jene Menschen durchsetzen, die ihre Ellenbogen benutzen, die durch Gewalt und nicht durch Liebe machtvoll sind?

Ich weiss von Menschen unter uns, die gekränkt sind, denen keine Gerechtigkeit widerfahren ist, die nach Anerkennung, nach Liebe und Verständnis, nach Kontakt und menschlicher Nähe und Wärme hungern und dürsten. In der Woche nach dem dritten Advent werden wir im Rahmen der OWL-Weihnachtskiste wieder diese alleinstehenden alten Menschen besuchen, die noch zur Kriegsgeneration gehören, die zu den Menschen zählen, die vierzig Jahre und länger gearbeitet haben, deren Rente heute aber so bescheiden ist, dass es für uns beschämend sein müsste. Sie wollen nicht mehr viel für ihr Leben nur ein wenig Zuwendung und so einen kleinen Weihnachtsgruss, weil sie sich nichts Besonderes leisten können. Denen und vielen anderen gilt diese gute Botschaft, gelten diese heil- und friedenstiftenden Worte Jesu. Und dennoch stossen sie wie so oft auf geschlossene Ohren und verhärtete Herzen, die sich nicht öffnen und nicht erweichen lassen. Es gibt Hindernisse, diese Worte so zu hören, dass sie einfach nur guttun.

Und natürlich gibt es immer und immer wieder von neuem Anfragen an diese Worte Jesu: Sind sie denn wirklich so gemeint, wie sie gesagt sind? Dass also den Armen das Reich Gottes gehört, also den materiell armen Menschen und nicht oder auch den geistlich Armen? Dass die auf Erden schon satt werden, die Hunger und Durst nach Gerechtigkeit haben - hier schon auf Erden und nicht erst bei Gott!? Und nicht erst, wenn sie von hinnen geschieden?!

Wenn wir, liebe Gemeinde, die Seligpreisungen aus unserem konkreten Lebensbezug herausnehmen, verlieren sie an Bedeutung. Es sind keine oder nicht nur Worte für unser Leben nach diesem Leben, sondern es sind Worte für das Jetzt und das Heute. Jetzt gilt es, die Trauernden zu trösten. Jetzt gilt es, den Sanftmütigen diese Erde zu geben, damit sie nicht weiter ausgebeutet wird. Jetzt gilt es, den Hunger und Durst nach Gerechtigkeit zu stillen, damit die Gewalt, das Unrecht und die Ungerechtigkeit ihre Grenzen bekommen. Und jetzt gilt es, den Armen das Reich der Himmel zu geben, damit auch sie unter lebensmöglichen Bedingungen leben.

Führen wir uns die Situation bei Matthäus vor Augen! Da strömt das geschundene und geplagte Volk heran zu Jesus: „Man brachte Kranke mit den verschiedensten Gebrechen und Leiden zu ihm, Besessene, Mondsüchtige und Gelähmte, und er heilte sie alle." Und dann steigt Jesus auf den Berg und spricht diese Seligpreisungen - zunächst direkt zu seinen Jüngern, während das Volk im Hintergrund steht und doch jedes Wort versteht. Und dann hört das Volk, wie Jesus sagt: „Selig sind, die arm sind vor Gott, denn ihnen gehört das Himmelreich." Und sie hören, mit welcher Aufforderung Jesus seine Jünger ins Gebet nimmt: „Seht doch diesen Haufen verzweifelter Menschen, die gekommen sind, denen ich geholfen habe. Seht diese heimatlosen Menschen! In ihnen ist viel Sanftmut. In ihnen ist Hunger und Durst nach Gerechtigkeit. In ihnen ist Barmherzigkeit und die Reinheit des Herzens. Unter ihnen sind Friedensstifter. Gerade in diesen Menschen, die ganz am Ende sind, kann man all diese positiven Qualitäten entdecken. Sie wollen nur mit den Augen Gottes angesehen werden. Denn mit ihnen will Gott sein Reich auf Erden beginnen."

Die Seligpreisungen, liebe Gemeinde, lehren uns, Gott in den Armen zu sehen: seine Güte in ihrer Güte, seine Barmherzigkeit in ihrer Barmherzigkeit, seinen Frieden in ihrer Friedfertigkeit. Die Seligpreisungen lehren uns, etwas zu entdecken, das schon da ist - und doch erst sichtbar wird, wenn wir die Menschen mit den Augen Gottes, mit den Augen Jesu, letztlich mit den Augen der Liebe Gottes anschauen. Jesus will uns Menschen zusammenführen, er will uns Gott nahe bringen, damit wir ihn, uns selbst und unseren Nächsten lieben. Wo das geschieht, beginnt der Himmel auf Erden. Dort vollzieht sich ein grosser Schritt in unserem kleinen Leben: der Schritt in das Reich der Himmel. Und wir dürfen dabei sein. Wenn wir diese Seligpreisungen hören, wenn sie uns im Herzen erreichen, dann dürfen wir gewiss sein, dass auch wir dazu bestimmt und erwählt sind, wirkliche Protestanten zu sein: Menschen, die Zeugnis ablegen vom Reich Gottes, das in der Person Jesu Christi seinen sichtbaren Anfang nahm. Menschen, die wissen, dass es auch unsere Aufgabe ist, die Menschen selig zu preisen, die im Sinne Jesu Christi und nach dem

Worte Gottes leben. Selig sind wir, wenn wir so leben - über alle konfessionellen Grenzen hinweg und nicht nur am Reformationstag. Amen.

DEM LEBEN BEGEGNET - MITTEN IM TOD

Predigt zum Ewigkeitssonntag (22. November 2009)

Liebe Gemeinde,
ich bin in den letzten Tagen dem Tod begegnet - mehr ungewollt als gewollt, mehr unbeabsichtigt als berufsbedingt. Er trat in mein Leben und ich konnte mich nicht dagegen wehren. Etwa in den Nachrichten bei der Verabschiedungsfeier für den Nationaltorhüter Robert Enke. Ich weiss nicht, ob Sie die Verabschiedungsfeier von Robert Enke gesehen haben, dieser Mann, der aufgrund von Depressionen seinem eigenen Leben ein Ende setzte. 35`000 Menschen im Stadion und wie viele Millionen vor den Fernsehern haben diese Feier verfolgt - so, als ob Robert Enke ein Heiliger, ein Fussballgott gewesen wäre. Doch in was für einer Welt leben wir eigentlich? Brauchen wir solche Idole oder habe ich da irgendetwas nicht verstanden? Machen wir uns doch nichts vor! Ohne Zweifel ist es tragisch, wenn sich ein Mensch aufgrund von Depressionen, ausgelöst durch einen extrem hohen Leistungsdruck, dem er nicht standhalten kann, das Leben nimmt. Und dies, liebe Gemeinde, sage ich aus eigener Erfahrung: einen Freitod im Freundeskreis werden wir Zeit unseres Leben nicht vergessen, weil immer die Frage im Raum stehen bleibt: Hätten wir nicht irgendetwas tun können?

Ich bin in den letzten Tagen dem Tod begegnet. Weil jeder Tod vergangenes Sterben wachruft. Jeder Gang auf den Friedhof ist ein Gang zu all den anderen Menschen, die wir vorher verloren haben. Christian hiess unser Studienkollege. Nein, mehr: unser Freund. Er war beliebt. Er war fröhlich und herzlich und wäre ein beliebter Pfarrer geworden. Vier Suizidversuche hatte er hinter sich. Ein Sprung von der Brücke. Er überlebte. Ein gewollter Autounfall. Er überlebte. Tablettenmissbrauch. Er überlebte. Doch der IC war zu schnell und zu gewaltig. Über Kilometer hinweg lagen seine Leichenteile verstreut, die beigesetzt wurden. Jeder

Tod ruft vergangenes Sterben wach - auch bei mir. Zurück zu unserem Berufssportler.

Es ist tragisch, dass Berufssportler - natürlich und vor allem durch die finanziellen Aspekte, durch diese horrenden Summen, die gezahlt werden - so unter Druck stehen, dass sie ohne über ihr eigenes Leben nachzudenken in gleicher Weise zu Dopingmitteln greifen, um ihren Preis zu rechtfertigen. Doch die Tragödie, durch diesen Freitod von Robert Enke hervorgerufen, hat ja noch kein Ende, wenn wir einen Blick auf seine Frau werfen, die zum zweiten Mal in ihrem jungen Leben einen Menschen verliert, den sie zutiefst geliebt hat: erst das leibliche Kind und nun den Ehemann und dies, wo doch durch die Adoption eines Kindes der Weg in eine neue Zukunft bereitet werden sollte.

Doch neben ihr gibt es ein drittes Opfer. Ein Opfer, das zugleich Täter ist: der Zugführer. Ich erinnere mich an ein langes Gespräch mit einem Busfahrer. Auf die Frage, wovor er am meisten Angst hat beim Busfahren, kam sehr spontan und ohne zu zögern die Antwort: „Dass mir irgendjemand vor den Bus läuft und ich nichts machen kann! Nicht bremsen! Nicht ausweichen! Nichts!" Wie mag es dem Zugführer gehen, der nicht einmal ausweichen konnte, weil der Zug auf den Schienen klebt. Er ist Opfer und Täter zugleich und beides weder gewollt noch beabsichtigt. Opfer, weil er nichts dafür kann, dass ihm dieser junge Mensch vor den Zug gesprungen ist und Täter, weil er hinter den Schaltknöpfen sass. Doch ein gänzlich unschuldiger Täter, der einfach nur am falschen Tag zur falschen Zeit am falschen Ort war. Doch machen Sie ihm dies einmal deutlich!

Ich bin in den letzten Tagen dem Tod begegnet. Einem Tod, der scheinbar weit weg und doch so nah ist. Ich weiss nicht, ob Sie sich schon die Ausstellung: „Jede Oma zählt" im HudL (Haus unter den Linden. Begegnungszentrum für Senioren in Herford) angesehen haben.

Diese Ausstellung geht unter die Haut. Sie erzählt von Grossmüttern in Afrika, die ihre Kinder verloren und nun für ihre Enkelkinder zu sorgen haben. Diese Ausstellung erzählt von einer ganzen Generation von Menschen zwischen Enkelkind und Grossmutter, die wegstirbt, weil der Aidsvirus sie dahinraffen lässt. Es ist eine erschreckende Bilanz der sich ausbreitenden Aids-Seuche. Ein schleichender Tod. Ein unbarmherziger Tod. Es gäbe Möglichkeiten, diesen Virus einzudämmen, doch das ist ein finanzielles Problem und wer investiert schon in einen sterbenden Kontinent?

Ich bin in den letzten Tagen dem Tod begegnet. Bei der Tagung der UN-Organisation für Landwirtschaft und Ernährung, der FAO in Rom. Denn es ist nicht nur Aids, der den Kontinent Afrika ausbluten lässt, sondern eben auch der Hunger. Eine nie da gewesene Explosion der Not, so haben es die Medien übereinstimmend berichtet. Weltweit hungern zurzeit eine Milliarde Menschen - so viele wie nie zuvor in der Geschichte der Menschheit. „Diese Katastrophe“ so der Stern „ist nicht spektakulär oder medienwirksam wie ein Flugzeugabsturz. Sie ist schleichend. Die Weltbank warnte vor einem Jahr, dass die Welternährungskrise entweder einen Aufbruch oder einen "stillen Tsunami" auslösen könne. Heute müssen wir feststellen: An den Folgen des Hungers sterben derzeit innerhalb von nur zehn Tagen weltweit rund 250.000 Kinder und Erwachsene - mehr als 2004 beim Tsunami in Südostasien insgesamt ums Leben kamen.“ Das heisst alle fünf Sekunden ein Todesopfer wegen Hunger!

Ich bin in den letzten Tagen dem Tod begegnet. Am Mittwoch bei der Lesung von Hannelore Hoger. Als sie hier in der voll besetzten Kirche Märchen las. Aber nicht irgendwelche Märchen, sondern gerade und vor allem nach der Pause Märchen mit zutiefst biblischen und theologischen Inhalten. Die Kirche war voll besetzt und ich kann es nicht für alle Besucherinnen sagen, aber ich denke, dass nur wenige von den Besuchern regelmässige Gottesdienstbesucher sind, aber sie waren fasziniert - nicht nur von der Stimme Hannelore Hogers, sondern auch von dem, was sie las. Fasziniert, und dies heisst ja gefesselt vonm eigenen Hunger nach Religiosität, vom Hunger nach Sinn und Wahrheit. Hannelore Hoger las unter anderem von Oscar Wilde: „Der selbstsüchtige Riese“ - das Märchen einer Begegnung zwischen einem Riesen und einem kleinen Jungen und ganz zu Ende des Märchens, als der Riese im Sterben liegt, begegnen sie sich noch einmal, weil der kleine Junge das Sterben des Riesen begleitet. Aber wie! „... als er (sc. der Riese) ganz nah herangekommen war, wurde sein Gesicht rot vor Zorn, und er fragte: „Wer hat es gewagt, dich zu verletzen?“ Auf den Handflächen des Kindes waren nämlich die Male von zwei Nägeln zu erkennen, und die Male von zwei Nägeln waren auch an seinen kleinen Füßen. „Wer hat es gewagt, dich zu verletzen?“, schrie der Riese noch einmal, „sag es mir, damit ich mein mächtiges Schwert ziehen und ihn erschlagen kann.“ „Nein!“, antwortete das Kind, „denn dies sind die Wunden der Liebe“. „Wer bist du?“, fragte der Riese; eine seltsame Ehrfurcht überkam ihn und er kniete vor dem kleinen Jungen nieder. Daraufhin lächelte das Kind den Riesen an und sagte zu ihm. „Du hast mich einst in deinem Garten spielen lassen, heute sollst du mit mir in meinen Garten kommen - in das Paradies eingehen“. Und als die Kinder an diesem Nachmittag in den Garten gelaufen kamen, fanden sie den Riesen tot auf - er lag unter dem Baum und war über und über mit weissen Blüten bedeckt.“

Die Wunden der Liebe. Das ist Christus am Kreuz. So sehr hat Gott die Welt geliebt, dass er seinen einzigen Sohn dahingab gab, damit wir nicht verloren gehen. (Joh. 3,16) Und ganz zum Schluss las Hannelore Hoger das Märchen „Das Mädchen mit den Schwefelhölzchen“ von Hans Christian Andersen. Zu Ende des Märchens zündet das kleine Mädchen am Silvesterabend, frierend und dem Tod nahe, ein Schwefelhölzchen nach dem anderen an, weil mit jedem brennenden Schwefelhölzchen das Paradies ein Stück näher kommt. Die meisten unter uns werden dies Märchen kennen und wer es nicht kennt, der sollte es sich vorlesen lassen. Am Neujahrsmorgen findet man das Mädchen erfroren im Schnee liegen und doch weiss kein Lebender, was sie im Tode gesehen hat. Was kein Auge je gesehen, was kein Ohr je gehört und in keines Menschen Herz gekommen ist ... das hatte dies kleine Mädchen gesehen.

Ich bin in den letzten Tagen dem Tod begegnet. Bei der Vorbereitung für den Gottesdienst heute, als ich die Namen derer durchgegangen bin, die im letzten Kirchenjahr aus unserer Gemeinde verstorben sind. Im Bewusstsein darum, dass dies der letzte Gottesdienst zum Ewigkeitssontag ist, den ich hier in dieser Gemeinde, in dieser Kirche halte. Knapp 600 Beerdigungen sind es gewesen, die ich in diesen achtzehn Jahren gehabt habe. Nicht alle, aber doch so manche Beisetzung hat sich in meiner Erinnerung festgesetzt. Es waren Beisetzungen ganz unterschiedlicher Art: da waren Kinder und Hochbetagte dabei. Da gab es den Unfall und das lange Warten auf den Tod. Da gab es die Menschen, die Gott in besonderer Weise im Blick hatte und die jetzt auf dem Grabfeld der Erinnerung eine letzte Ruhestätte finden und die, die sich in der Stadt, in Vereinen oder sonst wo Verdienste erworben hatten. Da gab es den Tod als Erlösung und den Tod, der völlig unerwartet einen Menschen aus unserer Mitte riss. So bunt und so vielfältig wie das Leben, so unterschiedlich sind das Sterben und der Tod. Das heisst: eigentlich nur das Sterben, denn im Tod sind wir alle gleich. Der Tod macht uns gleich. Das Sterben, dieses letzte Stück Weg menschlichen Lebens ist so unterschiedlich. Nicht der Tod. Und darum brauchen wir auch vor dem Tod an sich keine Angst zu haben, wohl aber vor dem Sterben.

Ich bin in den letzten Tagen dem Tod begegnet. Doch ich bin ihm nicht gleichgültig begegnet, auch nicht resignierend, sondern ich habe mich an die Worte Jesu erinnert, der angesichts des Todes vom Leben spricht: „Ich lebe und ihr sollt auch leben!“ (Joh. 14,9) Mir stand das Unfassbare des christlichen Glaubens vor Augen, dass der, der da lebt und an Christus glaubt, lebt und zwar auf ewig lebt, auch wenn er stirbt. Das

Christentum ist der gelebte Protest gegen den Tod. Und dass Gott neues Leben schenkt, dass er angesichts des Todes sagt: Ich rufe dich vor mein Angesicht! - das können wir nur glauben. Aber ich will dies glauben angesichts der vielen Tode, die mir begegnet sind, dass nicht der Tod, sondern das Leben, dass nicht irgendeine Macht des Todes, sondern Gott selber mein Leben in seinen Händen behält und auch für mich das Leben will.

Ich bin in den letzten Tagen dem Tod begegnet und angesichts des Todes will ich einstimmen in das Lied des Lebens. Weil ich glaube, dass nicht der Tod über uns Menschen das letzte Wort behält, sondern das Leben. Das Leben in Fülle. Gott selbst. Weil ich glaube, dass Gott all das, was uns zu unseren Lebzeiten hier auf Erden aus den Händen geglitten ist, für uns wieder gerade rücken will und wird. Weil ich glaube, dass den Menschen, die hier auf Erden Unrecht haben erleiden müssen, zu ihrem Recht kommen werden. Weil ich glaube, dass es dieses Reich Gottes gibt, wo Gerechtigkeit und Frieden sich küssen und Treue und Huld sich begegnen. Weil ich glaube, dass es einen Ort gibt, wo ein Zugführer, der unschuldig Täter wurde, sich wieder ohne Fassungslosigkeit und Schuldgefühle in die Augen sehen kann.

Auf die Hoffnung seines Glaubens befragt, antwortet der Apostel Paulus (1.Kor.13 i.A.): „Wenn ich in den Sprachen der Menschen und Engel redete, hätte aber die Liebe nicht, wäre ich dröhnendes Erz oder eine lärmende Pauke. Und wenn ich prophetisch reden könnte und alle Geheimnisse wüsste und alle Erkenntnis hätte; wenn ich alle Glaubenskraft besässe und Berge damit versetzen könnte, hätte aber die Liebe nicht, wäre ich nichts. Und wenn ich meine ganze Habe verschenkte, und wenn ich meinen Leib dem Feuer übergäbe, hätte aber die Liebe nicht, nützte es mir nichts. Die Liebe hört niemals auf. Prophetisches Reden hat ein Ende, Zungenrede verstummt, Erkenntnis vergeht. Denn Stückwerk ist unser Erkennen, Stückwerk unser prophetisches Reden; wenn aber das Vollendete kommt, vergeht alles Stückwerk.

Jetzt schauen wir in einen Spiegel und sehen nur rätselhafte Umrisse von Gott, dann aber schauen wir von Angesicht zu Angesicht. Jetzt erkenne ich unvollkommen, dann aber werde ich durch und durch erkennen, so wie ich auch durch und durch erkannt worden bin. Für jetzt bleiben Glaube, Hoffnung, Liebe, diese drei; doch am grössten unter ihnen ist die Liebe."

Diese Liebe Gottes hält uns im Leben und im Sterben und sie wird in ihrer ganzen Fülle offenbar vor Gottes Angesicht. Liebe Gemeinde, ich bin in den letzten Tagen dem Leben begegnet - mitten im Tod. Amen.

VON DEN PFLICHTEN UND AUFGABEN EINES KIRCHENSTANDS

Predigt zum Wahlsonntag (20. Februar 2011)

Liebe Gemeinde,
in Artikel 127 der Kirchenordnung der evangelisch-reformierten Kirche des Kantons Schaffhausen heisst es mit Blick auf die Mitglieder des Kirchenstands: „Die Mitglieder des Kirchenstandes bringen ihre Fähigkeiten in die Leitung der Kirchgemeinde ein. Sie wirken im Rahmen ihrer Begabungen und Möglichkeiten mit im Gottesdienst, beim Abendmahl und bei den übrigen kirchlichen Anlässen. Der Kirchenstand dient der Kirchgemeinde auch als deren Verwaltungsbehörde." Dies ist eine überaus funktionale Beschreibung dessen, was die Mitglieder des Kirchenstands zu tun haben. Also die Menschen, die wir am heutigen Tag und auch schon in den zurückliegenden Wochen mit der Möglichkeit der Briefwahl in dieses Amt berufen bzw. bestätigt haben.

Eins steht jetzt schon fest: Es wird Veränderungen im Kirchenstand geben. Mitglieder scheiden aus und andere kommen dazu. Im Mai werden wir in einem Gottesdienst dann ganz offiziell die neuen Mitglieder des Kirchenstands begrüssen und den ausscheidenden Mitgliedern für ihren Einsatz und ihr Engagement von Herzen Dank sagen. Auch für das Nachdenken im Kirchenstand und das Beten für die Gemeinde in den zurückliegenden Jahren. Und wir werden sie bitten, auch weiterhin diese Gemeinde in Gedanken und Fürbitte zu begleiten, ihr auch weiterhin treu verbunden zu sein.

Die Mitglieder des Kirchenstands bringen ihre Fähigkeiten in die Leitung der Kirchgemeinde ein und dienen der Kirchgemeinde als deren Verwaltungsbehörde. Es ist gut, dass dies ein Gesetzestext ist, ein Wort der Kirchenordnung. Ordnungen bestimmen den Rahmen, innerhalb dessen Menschen sich bewegen, aber sie bestimmen immer nur ansatzweise den Inhalt dessen, was Mitglieder des Kirchenstands zu tun und zu lassen haben. Ordnungen sind keine Ausführungsbestimmungen. Und darum ist es wunderbar und überaus wertvoll, dass wir als Christenmenschen dieses Buch mit den vielen Seiten unser eigen nennen, wo die Inhalte unseres Lebens beschrieben werden, wo wir sozusagen die Ausführungsbestimmungen finden. Dieses dicke Buch, diese Bibel - mit den vielen Geschichten, mit den Erzählungen von Menschen, in denen sie Rechenschaft über ihren Glauben und manchmal auch über ihre Zweifel abgeben. Dieses dicke Buch, in dem wir auch sehr konkrete Vorstellungen davon finden, was das Wesen eines Kirchenstands ausmacht. Und da wir als Christenmenschen alle potentielle Mitglieder eines Kirchenstands sind, gilt das Folgende auch für uns.

Schon in den ersten Seiten dieses Buches wird beschrieben, wozu wir Menschen, wir alle - eine jede und ein jeder einzelne unter uns - wesenhaft da sind und wie wir von Gott gemeint sind, wozu und warum er uns geschaffen hat. Was sozusagen die vornehmste Aufgabe von uns Menschen ist. Von den Menschen, die wir heute in den Kirchenstand gewählt haben, aber eben auch von jedem anderen Christenmenschen.

Diese vornehmste Aufgabe ist es, Friedensboten in dieser Welt zu sein, den Frieden Gottes in die Welt zu tragen. In diese Welt, die oft auf diesen Frieden wartet und sich nach diesem Frieden so sehr sehnt, so sehr, dass zur Zeit viele Menschen in den afrikanischen Ländern und in den Ländern des Nahen Ostens auf die Strasse gehen und für ihr Land diesen Frieden einfordern und einklagen. Und wenn die Flucht aus der Heimat wie beispielsweise in Tunesien die einzig mögliche Form des Protests und des Überlebens zu sein scheint, dann sollten wir uns hüten, eine unüberwindbare Mauer zu bauen und die Grenzen unüberwindlich zu halten. Wer weiss, wie die Menschen in der ehemaligen DDR reagiert hätten und was aus ihnen geworden wäre, wenn das ungarische Volk die Grenzen nicht geöffnet hätte? Vielleicht müsste die Geschichte ganz anders geschrieben werden. Es scheint Situationen zu geben, wo alle Mauern niedergerissen werden müssen um Menschen das Überleben zu ermöglichen, um letztlich Sorge dafür zu tragen dafür, dass Frieden ermöglicht wird und sich ausbreiten kann.

In uns Menschen hineingelegt, in unser Herz eingepflanzt hat Gott diese unbändige Sehnsucht nach Recht und Gerechtigkeit, nach Frieden, Freiheit und Leben. Und diese Sehnsucht ist durch keine Diktatur der Welt kleinzukriegen. Sie lebt. Man kann sie zuschütten und überdecken, man kann versuchen, sie kleinzuhalten, aber dieser Sehnsucht ergeht es wie den Krokussen oder den Winterlingen in diesen Tagen: sobald ein wenig Wärme frei wird, sobald die Sonne Kraft gewinnt, sind sie da und schmücken die Wiesen, werden sie Vorboten des Frühlings. Sie werden Vorboten der Freiheit, der Befreiung von der Kälte und der Grausamkeit einer Diktatur.

Diese Sehnsucht, diese Vision von einem Leben in Recht und Gerechtigkeit, diese Vision von einem Leben in Frieden und Freiheit, von einem Leben, wo Frieden und Gerechtigkeit sich küssen - diese Vision gründet, wenn wir auf die Schriften des Alten Bundes schauen, im Sabbat, in diesem von Gott geschaffenen Ruhetag, wo wir seinen Frieden, seinen Schalom feiern dürfen. Dieser Tag des Herrn, dieses letzte Schöpfungswerk, die Krone seiner Schöpfung, dieser Tag der Ruhe und des Friedens ist seitdem ein besonderer Tag im Leben von uns Menschen. Uns ist ein Tag geschenkt worden, an dem wir den Frieden Gottes feiern dürfen. Wir dürfen uns an diesem Tag diesen Frieden zusagen lassen, wir dürfen ihn in uns aufnehmen und so zu Boten des Friedens werden und wir dürfen ihn mit hineinnehmen in den Alltag unserer Welt, in unsere Familien, in unsere Lebensbezüge, in unsere Arbeitswelt.

Jesus hat diese Vision des Friedens verknüpft mit seiner Vision vom Reich Gottes, das mitten unter uns angebrochen ist. Dieses Reich

Gottes, das eines Tages ganz Wirklichkeit und Wahrheit sein wird und das wir jetzt schon ansatzweise erfahren und erleben können. Genau das zeichnet ja eine Vision aus im Gegensatz zu einem Traum oder auch zu einer Utopie. Das Wort Utopie kommt aus dem Griechischen und meint ursprünglich einen Nicht-Ort. Eine Utopie ist wie ein Luftschloss. Ein Ideal, das zwar da ist und das dennoch nicht zu erreichen, nicht zu verwirklichen ist. Das Reich Gottes ist keine Utopie und eben auch kein Traum. Ein Traum greift Vergangenes auf. Im Traum verarbeiten wir unsere Erlebnisse und Erfahrungen. Und zu träumen ist ganz wichtig, weil der Traum eine die Seele reinigende Funktion hat. Doch dieses Reich Gottes ist weder ein Traum noch eine Utopie, sondern eben eine Vision, ein Zukunftsbild, das darauf wartet, Wirklichkeit zu werden.

Das Reich Gottes, das - wie es der Apostel Paulus sagen wird - nicht aus Essen und Trinken besteht, sondern aus Gerechtigkeit, Friede und Freude im Heiligen Geist. (Röm. 14,17). Die Verwirklichung, der Aufbau dieses Reiches ist uns allen aufgetragen: egal ob wir als einfache Christenmenschen durch dieses Leben gehen oder als Mitglieder des Kirchenstands. Aber es ist eben in besonderer Weise eine Aufgabe des Kirchenstands, weil der Kirchenstand eine leitende Funktion hat.

Für Jesus war dieses Reich Gottes wie das Leben in einer grossen Familie. Und so darf denn auch eine Kirchgemeinde sein: eine grosse Familie, wo der eine Acht gibt auf den anderen, wo wir uns geschützt bewegen können; wo wir getröstet werden, wenn Not herrscht; wo wir uns mit denen freuen, die Grund zur Freude haben und mit denen weinen, denen zum Heulen zumute ist. Schwester und Brüder können und dürfen wir einander sein. Paulus greift dieses Bild auf, wenn er diese grosse Familie Gottes definiert - so wie wir es gehört haben - als den Körper Jesu Christi. Wo ein jeder und eine jede unter uns gleich wichtig ist, wo jeder und jede den gleichen Wert hat. Wo jeder und jede von uns in gleicher Weise gebraucht wird, um diese Vision vom Reich Gottes Wirklichkeit werden zu lassen. Wo wir diese Vision in dem Moment Wirklichkeit werden lassen, wenn wir die anderen als Kinder Gottes, als Schwestern und Brüder wahr und ernst nehmen.

Wir sind, so sagt es der Apostel Paulus im Brief an die Kolosser (3,10ff), durch den Glauben an Christus „zu einem neuen Menschen geworden, der nach dem Bild seines Schöpfers erneuert wird, um ihn zu erkennen. Wo das geschieht, gibt es nicht mehr Griechen oder Juden, Beschnittene oder Unbeschnittene, Fremde, Skythen, Sklaven oder Freie, sondern Christus ist alles und in allen."

Später sagt er uns folgendes zu und stellt Spielregeln für unser Zusammenleben auf: „Ihr seid von Gott geliebt, seid seine auserwählten Heiligen. Darum bekleidet euch mit aufrichtigem Erbarmen, mit Güte, Demut, Milde, Geduld! Ertragt euch gegenseitig, und vergebt einander, wenn einer dem andern etwas vorzuwerfen hat. Wie der Herr euch vergeben hat, so vergebt auch ihr! Vor allem aber liebt einander, denn die Liebe ist das Band, das alles zusammenhält und vollkommen macht. In eurem Herzen herrsche der Friede Christi; dazu seid ihr berufen als Glieder des einen Leibes. Seid dankbar! Das Wort Christi wohne mit seinem ganzen Reichtum bei euch. Belehrt und ermahnt einander in aller Weisheit! Singt Gott in eurem Herzen Psalmen, Hymnen und Lieder, wie sie der Geist eingibt, denn ihr seid in Gottes Gnade. Alles, was ihr in Worten und Werken tut, geschehe im Namen Jesu, des Herrn. Durch ihn dankt Gott, dem Vater!" (Kol. 3,12ff)

In einem solchen Geist darf eine Kirchgemeinde leben. Könnten wir dem mehr hinzufügen? In diesem Geist dürfen wir das Reich Gottes hier auf Erden bauen. Im Wissen von Gott geliebt zu sein und diese Liebe weiterzugeben und sie zu leben. Die Kleidung, die wir uns anlegen dürfen, sind nicht des Kaisers neue Kleider, sondern es sind Kleider, die uns nur zu gut zu Gesicht stehen: Güte statt Gehässigkeit, Milde statt Zorn,

Geduld statt dieses ständige Drängeln, aufrichtiges Erbarmen statt Neid. Und als Mantel drüber die Liebe. Diese Liebe ist dann wie eine Steppjacke im Sommer. Da kommen wir so sehr ins Schwitzen, dass wir gerne davon abgeben. Das wir mit beiden Händen verteilen.

Der Apostel kommt dann noch einmal auf die Gemeinde und ihre Kirchenältesten zu sprechen, wenn er schreibt (1 Thess 5,12ff): „Ihr Lieben, wir bitten euch: Erkennt die unter euch an, die sich solche Mühe geben, euch im Namen des Herrn zu leiten und zum Rechten anzuhalten. Achtet sie hoch, und liebt sie wegen ihres Wirkens! Haltet Frieden untereinander! Wir ermahnen euch, ihr Kirchenälteste: Weist die zurecht, die ein unordentliches Leben führen, ermutigt die Ängstlichen, nehmt euch der Schwachen an, seid geduldig mit allen! Seht zu, dass keiner dem andern Böses mit Bösem vergilt, sondern bemüht euch immer, einander und allen Gutes zu tun. Freut euch zu jeder Zeit! Betet ohne Unterlass! Dankt für alles; denn das will Gott von euch, die ihr Christus Jesus gehört."

Ich wünsche uns ein gutes und fruchtbares Miteinander in den vor uns liegenden Jahren - als Gemeindeglieder, als Mitglieder des Kirchenstands: nicht um unseretwillen oder um unseres Ansehens oder Ehre willen, sondern um Gottes Willen. Amen.

Jetzt geht es los

Ansprache zur Konfirmation

Pfingsten 2011

Liebe Konfirmandinnen und Konfirmanden,

liebe Festgemeinde!

„Jetzt ist fertig!" - so sagt man wohl hier, wenn eine Sache ab geschlossen ist. Fertig mit den Hausaufgaben, fertig mit dem Training, fertig mit dem Unsinn oder Blödsinn, fertig mit dem Schuljahr, fertig mit dem Kirchlichen Unterricht, fertig am heutigen Abend mit der Feier zur Konfirmation. „Jetzt ist fertig!" - das gilt freilich nicht für euch als Konfirmandinnen und Konfirmanden, das gilt für keinen unter uns hier am heutigen Vormittag nicht mit Blick auf Gott, weil wir mit Gott nie fertig sind - und Gott auch nicht mit uns.

„Jetzt ist fertig" - das gilt weder für unsere Beziehung zu Gott noch für die Beziehung Gottes zu uns. Auch wenn manche Menschen meinen, Gott in ihrem Leben ins Abseits stellen zu können; auch wenn manche Menschen meinen, die Beziehung zu Gott brechen zu können, so taucht doch die Frage nach Gott immer wieder in allen Leben auf. Sie lässt sich nicht ausklammern. Und die Beziehung Gottes zu uns, die steht. Sie ist glücklicherweise nicht abhängig von unserem Wollen.

„Jetzt ist fertig" - das gilt nicht einmal mit Blick auf unsere eigene Person, weil wir nie fertig mit uns selbst sind. Hoffentlich zumindest, denn wer mit sich selbst fertig ist, lebt nicht mehr. Doch unser Leben ist nie fertig, nie abgeschlossen, sondern immer offen. Das Leben hält für uns immer neue Überraschungen bereit und wir wissen nie, was morgen auf uns wartet. Wir mögen - wie es einigen von euch gehen wird - bald fertig sein mit der Schule. Wir mögen, wenn wir weiter denken, eines Tages fertig sein mit der Ausbildung. Wir mögen - und so ergeht es einigen unter uns hier - fertig sein mit dem Beruf, so mit 65 oder mit 70 Jahren - aber nie, nie sind wir fertig mit uns selbst und erst recht nicht mit Gott. Selbst wenn wir fertig sind mit unserem Leben, ja, wenn wir die Augenlider schliessen, selbst dann ist Gott noch nicht fertig mit uns. Er ist nie mit uns fertig - auch wenn wir manchmal glauben, mit ihm fertig zu sein. Aber er lässt uns nicht los, er hält uns fest. Und darum ist am heutigen Vormittag das Motto der Predigt nicht: „Jetzt ist fertig!“, sondern „Jetzt geht's los!“ Ja, so ist es: „Jetzt geht`s los!“

„Jetzt geht`s los!“ Das heisst für euch als Konfirmandinnen und Konfirmanden: eure Geschichte mit Gott bekommt eine neue und andere Qualität. Bislang waren eure Eltern und Paten verantwortlich für eure religiöse Erziehung. Dafür, dass ihr den Religionsunterricht und den Konfirmandenunterricht wenn doch nicht immer genossen, so doch hoffentlich regelmässig besucht habt: „Da musst du jetzt durch! Das mussten wir früher auch! Und wirklich geschadet hat das noch niemandem!“ Diese Worte haben manche unter euch wohl mehr als einmal gehört. Diese Bevormundung - oder sagen wir es freundlicher - dieses gelenkte Leben in Bahnen nach den Vorstellungen eurer Eltern ist ab heute mit Blick auf das kirchliche und religiöse Leben vorbei. Ihr entscheidet ab heute. Ihr übernehmt selbst die Verantwortung für euer religiöses Leben. Natürlich sind wir als Eltern und Paten, als Grosseltern dankbar und freudig überrascht, wenn ihr uns teilnehmen lasst an eurem Leben, aber zumindest mit Blick auf das kirchliche Leben tragt ihr von heute an selbst die Verantwortung.

„Jetzt geht`s los!“ Das gilt für euch freilich noch in anderer Hinsicht. Ihr alle werdet in der nächsten Zeit Veränderungen erleben. Die Konfirmation markiert den Übergang in das Erwachsenenleben. Ihr werdet immer mehr zu Entscheidungsträgern und eben zu selbständigen Personen: Beruf oder Schule; das Loslösen von Zuhause; das Treffen von eigenen Entscheidungen, die wir dann im Moment als Eltern noch so manches

Mal nicht verstehen werden - aber das ist unser Problem als Eltern mit eurer Pubertät; das Erleben und auch das Durchleben von eigenen Erfahrungen: das erste Mal verliebt sein und die Tränen, wenn es zu Ende geht; die Suche und das Finden der Lehrstelle und hoffentlich die Erfüllung im Beruf. Denn nichts ist schrecklicher als einen Beruf zu haben, wo man bereits am ersten Arbeitstag an die Rente denkt.

Es ist so: Das Leben in seiner ganzen Fülle liegt vor euch und ihr habt es zu leben. Und zwar so zu leben, dass ihr euch selbst treu bleibt. So zu leben, dass ihr euch abends vor dem Spiegel in die Augen sehen könnt. So zu leben, dass die Menschen mit und neben euch in gleicher Weise ihr Recht auf Leben verwirklichen können. So zu leben, dass ihr in Verantwortung vor euch selbst, vor euren Mitmenschen und auch vor Gott euer Leben gestaltet. Denn das bekennt ihr am heutigen Tag mit dieser Konfirmation. Dass es euch nicht gleichgültig ist, wie ihr durch euer Leben gehen wollt, sondern dass euch eben das „Wie“ wichtig ist.

„Jetzt geht's los.“ Die alles entscheidende Frage lautet: Wie? Wie geht es los? „Du stellst meine Füsse auf weiten Raum - von der Fülle des Lebens.“ So lautet der Titel des Gottesdienstes. Wir haben das letzte Wochenende zu diesem Thema gearbeitet und die Ergebnisse habt ihr mit der Gestaltung eures Lebensfusses euren Familien und der Gemeinde heute präsentiert. Ich bin immer wieder von neuem positiv überrascht und freue mich darüber, wenn ich höre, was ihr selbst für euer Leben in den Mittelpunkt stellt: einen wie hohen Stellenwert bei euch etwa die Familie hat und eben auch der Wunsch, später eine eigene Familie zu gründen. Die Familie ist die Keimzelle der Gesellschaft. Was wir hier lernen oder eben auch nicht lernen, bestimmt unser Leben. In den Familien lernen wir Rücksicht und Toleranz, Achtung vor dem anderen und auch die Ehrfurcht vor dem Leben. Wir lernen uns durchzusetzen und uns zu behaupten, wir lernen aber auch aus Niederlagen. Ja, wir lernen manchmal auch, wie eben nicht miteinander umgegangen werden sollte. Wir lernen, wie schmerzhaft es ist, wenn Beziehungen brechen, aber wir erleben auch manchen Bruch als Befreiung aus dem Gefängnis einer Beziehung.

Als Jesus einmal nach seiner Familie gefragt wurde, hat er gesagt: Meine Eltern und meine Geschwister sind die, die das Wort Gottes hören und danach handeln. Mit dem heutigen Tag bekennt ihr euch in gleicher Weise zur weltweiten Familie der Kinder Gottes. Wo auch immer auf dieser Welt Menschen im Namen Gottes zusammen kommen, finde ich Schwestern und Brüder, finde ich Geschwister. Die Christenheit ist eine weltweite Familie. Was uns alle miteinander verbindet ist unser Glaube an den Gott, der uns geschaffen hat; an den Gott, der unsere Füsse auf weiten Raum stellt. Er möchte für uns, dass wir die Möglichkeiten des Lebens nutzen und ausschöpfen, dass wir die Fülle des Lebens aufnehmen und in seinem Namen dieser Welt ein Gesicht geben: ein friedliches und freundliches, ein liebevolles und liebenswertes Gesicht.

Jetzt ist ja heute nicht nur Konfirmation, sondern auch Pfingsten. Das Fest der Kirche. Das Fest des Heiligen Geistes. Ich wünsche euch für euer Leben ganz viel von diesem Geist. Von den Gaben dieses Geistes. Denn diese Gaben sind lebensnotwendig und gehören eigentlich hier vorne mit auf diesen Tisch, wo ihr das Lebensnotwendige dekoriert habt. Ich wünsche euch, dass er euch immer wieder neu beschenkt mit seinen Gaben, denn geistbegabte Menschen brauchen wir in und für diese Welt, brauchen wir für jede Kirchgemeinde, brauchen wir in unserem Leben als Gegenüber. „Die Gaben des Geistes“, so schreibt es Paulus im Brief an die Galater (5,22ff) „sind Liebe, Freude, Friede, Langmut, Freundlichkeit, Güte, Treue, Sanftmut.“ Davon können wir nicht genug haben. Jetzt geht`s los! Lebt diese Gaben des Geistes. Amen.

Printed by Books on Demand GmbH, Norderstedt / Germany